TANGO

タンゴ 新装版

歴史とバンドネオン

舳松伸男 Henomatsu Nobuo

東方出版

はじめに

私がはじめて海外旅行をしたのは一九七四（昭和四十九）年七月で、行先はアルゼンチンの首都ブエノス・アイレスだった。

それ以前、タンゴの本場アルゼンチンから数多くの楽団が来日し、多くの日本人タンゴファンを喜ばせていた。しかし、ブエノス・アイレスで聞くタンゴの調べは、その地の風情に溶け込んだ素晴らしいもので、日本で聞くタンゴとは一味も二味も違っていた。

その年以来、毎年のように私はアルゼンチンに出かけた。本場のタンゴの演奏はもちろんのことだが、アルゼンチンの民謡や、タンゴの踊りにすっかり魅せられてしまったのであった。やがて私の旅はアルゼンチンの首都ブエノス・アイレスから地方に、そしてブラジル、ウルグワイ、エクアドル等の南米の他の国に広がり、それらの地域の音楽を聞いているうちに、タンゴと中南米の国々の音楽には、一つの共通性があるのではないかと考えるようになった。この事は音楽に付随して見られる踊りについても同様であった。

ブラジルのサンバのリズムと踊りは、どこかタンゴのそれらと似通った所があるし、エクアドルやアルゼンチンの民謡を奏でるギターの調べは、タンゴを伴奏するギターのリズムと共通した何物かを持っている。

事実、アルゼンチンのタンゴ奏者の幾人かは、フォルクローレと呼ばれるタンゴ以外のアルゼンチン民謡を巧みに弾きこなしていた。さらにスペインを旅行してフラメンコの旋律とリズムを耳にした時、遙かなるタンゴに郷愁を感じたのである。

こういった経験から、アルゼンチンタンゴをはじめとする中南米の音楽や踊りには、共通の祖先があるのではないか、またこれら、中南米を植民地として栄えたスペインの舞曲とも関連があるのではないかと考えるようになった。

そこで、タンゴのルーツを求めることは、タンゴの演奏にも役立つのではないかと考え、文献、資料、さらに私の体験をもとにタンゴの発生の歴史を調べることにした。

また、バンドネオンという楽器を除いては、アルゼンチンタンゴは語れない。タンゴとバンドネオンは車の両輪である。

しかし、日本では長い間、アルゼンチンでは絶対に使用されていない楽器がバンドネオンの名で呼ばれ、アルゼンチンタンゴの演奏に使用されて来た。いや、現在でも使われている。一般の人々は、アルゼンチンで使用されていない楽器でアルゼンチンタンゴを聞かされているのである。なぜこのような不思議な出来事がまかり通って来たのかを解明するため、バンドネオンの歴史、構造、並びにその特徴を徹底的に追求した。

本書がタンゴという舞曲と、その演奏に欠かすことの出来ない楽器バンドネオンに、少しでも関心を持っておられる方々の御参考になればと願う次第である。

▼目 次

3　ミロンガからタンゴへ　55

第Ⅱ部　バンドネオン

装幀　森本良成

第Ⅰ部　タンゴ——謎と奇蹟の舞曲

1　ラプラタ植民地とアルゼンチンの歴史

黒いマリアの像

一九八八年の夏、私はアルゼンチンの首都ブエノス・アイレスにある、世界一広い通りといわれている「七月九日通り」と、東西に交差するベルグラーノ通りの、西北の角にある教会を訪れた。モンセラー教会と名付けられているこの建物に入ると、すぐ左手に、銀箔の衣装をまとったキリストを抱いたマリア像がある。マリアもキリストもその肌は黒いが、ペルーの山奥で見られるインディオに変わったキリスト像とは違って、体、顔つきはヨーロッパ人である。

なぜこの場所に黒い色のマリア像が安置されているのだろうか。

アルゼンチンは、ウルグワイと共に、ラテン・アメリカの中で最も黒人の少ない国である。しかしその歴史には、多くの黒人が登場することは、あまり知られていない。

実は、このマリア像は銀製で、年月を経たため黒くなっているにすぎなかったのだが、忘れ去られたような教会でこの像を探しあてた当時、私は自らのタンゴとのつきあいや、文献から得た知識の中で、タンゴの源流は黒人と深くかかわっているに違いないと、確信を持つに至っていた。

そこで私は、この黒い肌のマリア像の由来を追うことは、この国の歴史の跡をたどり、同時に、ア

モンセラー教会のマリア像（88年8月著者写す）

ルゼンチンを代表する音楽、タンゴの歴史をもさかのぼることにほかならないと考えた。

タンゴ。はるかなるものへの郷愁を感じさせる華麗な舞曲。日本へは欧州大陸を経て伝わり、何度かのブームをつくって先年はまた、タンゴ・アルヘンティーノが話題をまいた。

「タンゴは、ブエノスの港に出入する船の船員たちがキューバの音楽ハバネラを持ち込み、それが変化してミロンガという舞曲が生まれ、お祭りの時などに仮装して踊り歩くカンドンベというリズムとまじって、一八七五年頃に作られたものであり、そのタンゴの発祥の地はブエノスの港町、カミニートの曲で知られているボカ地区である」。これがふつうにいわれている「タンゴ発祥説」である。

ここで素朴な疑問が生じて来る。ハバネラとはどのような音楽なのか。どのようにして、そして誰がそれをミロンガに変えたのか。さらにカンドンベなる踊りはどこからはじまったかということである。この疑問は実は前述のタンゴ発祥説を打消すことにもなりかねない問題をふくんでいる。さらにタンゴとはどこから来た言葉なのだろうか。アルゼンチンから出たものなのか。

これらの問に答えるために、まずは十五世紀のイベリア半島の歴史を知る必要があるのである。

アルゼンチン前史

ポルトガルのアフリカ征服

一四一五年八月、アフリカ北岸にあるイスラムの要地セウタを奪取したポルトガルは、「黄金ルート」貿易をもとめてアフリカ探険に乗り出した。ポルトガル王、ジョアン一世の王子エンリケのアフリカ西海岸の調査を皮切りに、ポルトガル人は中央アフリカ、コンゴ、アンゴラに領有権を確立したのである。ついで一四八八年一二月、デイアスはアフリカ最南端の喜望峰を廻り、インド洋の一角に入った。さらにモザンビーク、エチオピアと探険は進み、一四九八年、ダ・ガマは海路インドとの連絡に成功した。

この間、ポルトガル人はアフリカ大陸から一千人を超える黒人を奴隷として連れ戻っている。

一五〇〇年四月二一日、ペドロ・アルバレス・カブラルは西へ航路をとり、新しい陸地を発見した（現在のバイーヤの土地）。そこには高価な染料の原料となる「ブラジル」という木が多く生えていたので「ブラジル」と名がつけられた。

コロンの新大陸発見

他方、スペインの援助を受けたコロンは、カブラルのブラジル発見に先立つこと八年、一四九二年一〇月一二日、新大陸を発見した。

その地は北米フロリダ半島の東南海上に浮かぶバハマ諸島の一つ「グワナーニ島」であり、コロンは「サン・サルバドル」と命名した。彼はインドに到着したものと信じ、そこの住民をインディオと呼んでいる。さらにコロンは、黄金の国ジパングを求めて、現在の大アンチル諸島に属するキューバ、ハイチ等の島々を探険した。

その後三回の新大陸への航海を行ない、小アンチル諸島、トリニダード島、オリノコ河口、カリブ海を探険した。さらに後、コロンの探険に従ったスペイン人は、カリブ海をこえて新大陸本土に入り、征服をとげることになった。

トルデシージャ条約

十二世紀に独立国となったポルトガルは、ヨーロッパでの覇権を争うには西に偏在し過ぎていたのでアフリカの征服を行ない、前述の様に、コロンの新大陸発見前にアフリカ南端喜望峰を廻ってインドに達する航路を開拓して、世界征服を目指し、スペインと対立していた。

一四九四年両国は、争いを避けるためローマ法王の仲裁で「トルデシージャ条約」を結び、それぞれの勢力圏を決めたのである。その結果、西経四六度三七分の線を境に東方に位置する土地、または新発見されるべき土地をポルトガル領とし、その線より西に位置する土地をスペインにあたえることにした。この取り決めによりブラジルはポルトガル領となった。

一五一三年スペインの航海者バスコ・デ・バルボアは、今のドミニカから、パナマ地峡を西に進み、山上からはるかに拡がる南の海を発見した。

このように書いていると読者は、タンゴと新大陸やアフリカ征服の歴史の間に、どんな関係があるのだと思われるであろう。両者はラテン・アメリカ史においても、長い間無関係であるかのように考えられてきたが、そうではない。アメリカ大陸の音楽、とりわけタンゴに限らず、ラテン・アメリカ音楽の歴史は、新大陸征服の歴史と不可分の関係にあることをやがて了解されるに違いない。

ラプラタ植民地の先住民とスペイン人

ラプラタ河の発見

一五一五年一〇月スペインの航海者ドン・ファン・デイアス・デ・ソリスは、三隻の帆船に六十人の兵士を乗せて、スペインのレッペ港を出港した。インドに至る海路を発見するためである。ソリスはブラジルのリオ・デ・ジャネイロに寄り、南下するうちに、翌年の一五一六年二月初旬、ラプラタ河の広い河口を発見、その広さと水が塩辛くないことから「マール・ドウルセ」[*1](甘い海)と名付けた。

ソリスは河の東岸、現在のウルグワイのマルドナードに上陸し、その地の領有を宣言しようとした時、グワナーニ土人に殺された。したがってラプラタ河の発見者はソリスであり、その後この河はソリス河と呼ばれた。

一五二〇年、マゼランは南米大陸南端の海峡を通り抜けて南の海に入り、太平洋と命名した。彼はフィリピンで現地土人に殺されたが、残った船員は三年後にスペインに帰り、この世界一周の航海により、世界が円形であることが証明されたのである。

一五二六年セバスティアン・カボットはマゼラン海峡に向った。太平洋のモルッカ島を探険するためである。カボットはブラジル沿岸を航海中、ポルトガル移住民からソリス河口の上流に多くの金銀が出る話を聞いた。さらに南下すると、先のソリス探険隊の生き残りの船員からもその話をきかされ、加えて銀の大きな板を贈られたので、カボットは南への航行を中止して、この宝を求めて河をさかの

1　Mar Dulce

ぼって行った。この時からソリス河は「ラプラタ河」(銀の河)と呼ばれるようになった。

カボットはラプラタ河をさかのぼり、アルゼンチン側の岸に要塞を建設したが、一五二九年九月、土人の反乱のためスペインに帰国した。

スペイン人の新大陸征服

ラプラタ河の発見、マゼランの世界一周等の偉業がなされている頃、コロンと共に北方カリブ海方面を探険中の他のスペイン人兵士たちは、ブラジルを除いた新大陸を征服してすべてを植民地とした。

エルナン・コルテスは一五一九年三月、約七百人の兵士を引き連れてメキシコに上陸、アステカ族を征服した。さらに北へと侵攻して、北緯三七度線近くまで、その領土を拡げた。

フランシスコ・ピサーロは一五二四年からコロンビアの地を探険し、その時、ペルーに土人の大帝国のあることを知る。一五三一年ピサーロは百八十一人の兵士を率いて、このペルーにあるインカ帝国に侵入、これを滅ぼした。目をくらますばかりの金銀財宝に富んだインカ帝国を征服したスペインは、ペルーを植民地として一五三五年一月、リマを首都に定め、総督府を置いた。

新大陸の先住民族

コロンがアメリカ大陸を発見した当時、この地には既に多数の先住民族が住んでいた。その数は数百万人と推定される。後にインディオ(北米ではインディアン)と呼ばれる人々は、我々日本人とよく似た顔つきをしている。

南北アメリカで人類が生活をはじめたのは、今より二万年から三万年の昔といわれる。シベリアからアラスカを通り、まず北アメリカ大陸に入った。彼らはロッキー山脈の東を通り、北米大陸の東部へ行き、あるいはメキシコから南米大陸に南下した。南米最南端のパタゴニアへは、紀元前八〇〇〇年頃に住みついたと推定されている。アメリカ大陸の原住民は臀部に蒙古斑があるところから、祖先は日本民族と同じと考えられている。今日のアルゼンチンの領土に属する地域には、ケチュア族、グワラニー族、アラウカーノ族の三種族を主とする約三十五万人の原住民が居た。

ここでアルゼンチンの原住民を、簡単に紹介しておこう。

1　北部地方

フフイ、サルタ等の北西部から中部にかけては、文明の進んだケチュア族に属するデイアギータ族とカルチヤキー族が居住していた。

2　パラナ河流域

この地方にはグワラニー族が多く居住し、狩猟と漁業に従事し、性質は最もあらあらしく、食人種であった。

3　南部地方

アラウカーノ族はアンデス山脈を境に、チリーとアルゼンチンの南方にまたがって居住し、一部は東部平原にまで侵入していた。コルドバの南部にはパンパ族、南にはパタゴーネスが居たが、この種族は未開で、石器時代をやっと脱したような生活をしていた。

4　パンパ（草原）地方

北西部に比べて、先住民族の数は少なかった。ケランディー族、テイブー族等がいたが、スペイン人に最後まで抵抗して、征服者を襲っていたので、たいへん恐れられていた。

先住民族とタンゴの関係

グワラニー族にはいろいろおもしろい話が昔から伝えられているが、その中からタンゴにも登場するものを選んでみた。

●マテ茶

アルゼンチンの人はマテ茶が大好きだ。タンゴの歌詞の中にも、しょっちゅう登場する。別名はジェルバ。

イエズス会の神父たちがグワラニー族への布教のため、一六〇〇年代のはじめ、パラグワイに入った時、グワラニー族はこれをカアー[*2]とよび、病気の薬として用いていた。ボリビア、ペルーでケチュア族がマテの葉をかんでいるのを見て、神父たちは茶の代りとして飲めることがわかった。茶の成分と似ているので、テ・デ・パラグワイ(パラグワイの茶)と名づけ、栽培をはじめ、パラグワイやミシオネスの特産とした。

マテの語源にはいろいろな説があるが、有力なのは次のような説である。アジアのポルトガル領マカオから来たイエズス会の神父が、中国の広東などにあるマテヘンという木によく似たこのテ・デ・パラグワイをマテヘンと呼び、後になって簡単にマテというようになった。

マテはパラグワイからアルゼンチンの中西部へと普及し、ガウチョがもっとも愛好する飲物となった。肉ばかりで野菜を食べないガウチョにとって、ビタミンCの豊富なマテは必要な飲物であった。

マテがガウチョのものとなってからマテ言葉が生まれた。マテはガウチョと娘との間の恋の橋渡しをするようになった。

アマルゴ(にがいマテ)　冷淡・無関心

ドゥルセ（あまいマテ）　友愛・親密
フリーオ（冷たいマテ）　軽蔑
マテに他の飲物を入れたもの　尊敬
蜂蜜を入れたマテ　私もあなたが好き
コーヒー入りのマテ　仲なおり
出がらしのマテ　きらい
小さい泡のたった入れたてのマテ　愛の宣言

●ピリンチョ（ウラーカ）

きれいな色の鳥。タンゴの大御所フランシスコ・カナロのあだ名。グワラニー伝説では欲深いおばあさんが神様に罰として姿を変えられて生まれた小鳥。

●ラ・パローマ・デ・ラ・プニヤラーダ

ミシオネス、パラグワイにいる胸にまっ赤な模様のあるまっ白い鳩。まるでナイフを胸につきさしたばかりのように見えるのでこの名が付けられている。

グワラニー伝説では、神様から模様のないまっ白い色に作られた鳩が、色がないのを悲しんでくちばしで自分の胸を突いて自殺しようとして、その傷から流れた血が胸に赤い色の模様を着けたと言うのである。「ラ・プニヤラーダ」[*3]（ナイフで一突き）で知られる有名なミロンガにくらべて、この鳩のことはあまり知られていない。

3　*La Puñalada*

ブエノス・アイレスの建設

征服者の派遣と植民

さてスペインは引きつづいて探険隊を派遣し、植民を行なった。ブラジルを除いたメキシコ以南の中南米大陸を自己の植民地として、政治的、経済的に支配権を確立し、同時に自国の文化とカトリック教の移植によって、スペインの影響力を決定的なものとした。またインディオを奴隷として使役し、鉱山の重労働に従事させた。

スペインからの入植者は独身男性が多く、スペイン女性が少なかったから、広く雑婚が行なわれ、先住インディオとの混血児が多く生まれた。現在のラテン・アメリカの人口構成上も、インディオとスペイン人との混血児が大きな比率を占めている。混血についてはスペイン人はあまり神経質ではなかった。

これはイベリア人の持つ、伝統的な性質であるらしい。

六一〇年頃、アラビア半島で成立したイスラム教は、その政治、軍事的エネルギーを増大させながら、七一一年、イベリア半島に侵入、七年間で全半島を征服した。この時代の出来事として見のがせない現象の一つに、イスラム人とイベリア人の通婚が盛であったことがあげられる。異なった人種に対して偏見を持たない自由(特に男性において)がイスラム支配下のイベリア半島で育った。その結果、イスラム教支配下のイベリア半島のキリスト教徒にとっての理想の女性は、「モローチャ」と呼ばれるイスラム教徒であるモーロー人の女性であった。モローチャは褐色の肌、黒い髪を持つ肉づきの良い女性を指した。

同じ名をタイトルにしたタンゴの名曲があるが、イベリア人の気質は新大陸においても引き継がれていたのである。

スペイン版金比羅の港

話をスペインの新大陸征服にもどすことにする。

カボットが報告したラプラタ河地帯の宝の話や、ピサーロがペルーから送った金銀の棒のおかげで、スペイン王はその地方をポルトガルや英国の侵略から守るため、多くのスペイン人を送って植民地化する決意を固めた。

一五三五年、スペインのカスティジア地方の貴族ペドロ・デ・メンドーサは、スペイン王からラプラタ河一帯の大守に任ぜられ、十四隻の大船団に約二千人の隊員、百五十人のドイツ兵、それに牛馬をつれて、スペインのバラメーダ港を出発した。

メンドーサはスペイン王と次の様な契約をしていた。

一、ラプラタ河地方とペルーとの連絡路をつくる。

二、インディオをカトリックに教化させる。

三、ラプラタ河沿岸に要塞を建設する。

一五三六年二月三日、一行は現在のボカ地区に相当するリアチュエロ(小川)河口の近くに上陸、教会と大守の家、並びに隊員や兵士のために多数の家を建てた。そして、その地に「ヌエストラ・セニョーラ・デ・サンタ・マリア・デ・ブエン・アイレの港」[*4]と名を付けた。「我々のブエン・アイレの聖母の港」の意味である。その後、この地に人が住むようになって町が出来ると、ブエノス・アイレスと

4　*Nuestra Señora de Santa Maria de Buen Aire*

名付けられた。現在、「ブエノス・アイレス」と言う名の起こりが「良い空気」であるといわれるが、それは正確ではない。「ブエノス・アイレス」は、ペドロ・デ・メンドーサと彼の率いた船乗りたちが航海の安全を祈って常に礼拝していた聖母マリアの名前にちなんでつけた名前であった。日本流でいえば「金比羅様の港」と命名したようなものである。そして、この聖母は、メンドーサの生まれ故郷でもあるスペインの港町カディスに在ると、一般には伝えられていた。

ブエン・アイレの聖母はイタリア出身

船員達が航海の安全を祈っていたと伝えられたマリアは、今も残っているのであろうか。資料を調べて見たがカディスにはサンタ・マリア教会はあるが、その名はブエン・アイレではなかった。そこでカディスに赴いて土地の人々から情報を得ようと思っていた矢先、アルゼンチン大使館から一通の書類が送られて来た。私がこの件につき、神戸アルゼンチン領事にお願いして調べてもらっていたのだが、その返事が届いたのである。

一九六五年版『アルゼンチン史』によれば「新しい集落の名前はイタリアのサルディニア島カリアリに在る、航海者のパトロンであるサルダの聖母ブエン・アイレの名を称えて命名された」と記されているではないか。ブエノスにはイタリアと同じ地名が多く、また、タンゴの詩にはイタリア訛が随所に見られる。イタリアがブエノスの名の起源。新しい発見であった。

イタリア観光局から取り寄せたサルディニアの州都カリアリの地図を広げた時、私は興奮を隠しきれなかった。南の海に近い所に「ボナリアの大聖堂」の名を見出したからである。ボナリアとはイタリア語で良い空気、すなわちブエン・アイレである。その上大聖堂に隣接して墓地があり、大聖堂の南の通りはアルマンド通り、南の海の名はバルトロメと記され、さらにカリアリ市のすぐ北にモンセラーなる地名まであるではないか。アルマンドはアルゼンチンの名バンドネオン奏者、バルトロメは三代目の大統領の名である。モンセラーはブエノスの古い地区の名で、そこに在る教会、モンセラーについては冒頭に記述した通りである。

モンセラー教会のマリアもヌエストラ・セニョーラと呼ぶが、この聖母は後述するように一七〇〇年代になってモンセラー教区が成立してからのもので、ブエン・アイレのヌエストラ・セニョーラとは別のマリアである。

ブエノスでヌエストラ・セニョーラと言えばメンドーサゆかりのピラール教会を指し、隣接してレコレータ墓地がある。カリアリの聖堂と墓地の関係はブエノスのそれと何と似通っていることか。私は早速旅に出ようと決心した。はるばる地中海のサルディニア島にブエン・アイレの聖母を訪ねるためである。

一九八九年一一月一〇日、日本を出発、先ずスペインのカディスを訪れた。サンタ・マリア教会は古い建物で、日曜日のため拝観することが出来なかった。しかし土地の人々に尋ねても、ブエン・アイレのマリアであるとの答えは帰って来なかった。この教会は一五二七年建立のイエズス会派の修道院であった。もう一日滞在を延ばして中に入ることも考えたが、路地の奥にひっそりと建っているこの古い教会より、サルディニアへとはやる心に抗しきれず、その翌日、セビリアからミラノ経由でカリアリに向った。ミラノを中心とするロンバルディア地方の初冬は霧のシーズンである。案の定、フライトはバルセローナで中止、ローマ経由でカリアリの空港に着いたのは一一月も中旬のたそがれ時であった。

機上から夕日に写し出されたカリアリの街はまさに、ブエノスでイタリア人の多いボカ地区を大きくしたような光景であった。

翌朝、ボナリアの大聖堂に向かった。南の海を見下すような小高い丘の上の堂々たる建造物である。後述するように、メンドーサが到着したリアチュエロの河口が湿地のため、ファン・デ・ガライが土地の高い北東の場所に町を建設して、ブエン・アイレの町を再建したのであるが、このボナリアの大聖堂もまた、カリアリ市の東の小高い場所にあった。単なる偶然であろうか。

聖堂の内に入ると天井が高く、大勢の信者が熱心にお祈りを捧げている。その正面に黒光りのする聖母マリアの立像が見えた。左手に幼いキリストを抱き、右腕を真直ぐ西の方向に伸ばし、その手には一本の棒をかかげ、先には燈光が輝いていた。まさに燈台のマリア像であった。

私は西洋史については全くの素人である。ただ推測するに地中海は古代フェニキア人の頃から航海が盛んであったし、彼らにとって海は地中海であり、ジブラルタル海峡のかなたに在る大西洋は未知の世界だったであろう。やがてローマ帝国の時代となり、イタリア半島の人々が地中海を制し、地中海を中心とする南ヨーロッパの航海はイタリア人の手によるものとなった。コロンブスもイタリア生まれであった。したがって、地中海の真中に位置するこの島に船乗りの守護神が祠られていても不思議ではない。このマリアの建立は一三七〇年、スペイン語と同じようにヌエストラ・セニョーラ・デ・ブエン・アイレと名が付いている。

カディスの船乗達は、はるかに遠いサルディニアの聖母マリアを礼拝していたのである。さらに想像を逞しうすれば、このマリアの分身がカディスに在った可能性がある。あるいはそれは、カディスのサンタ・マリアであったかも知れない。なぜならばカディスの聖母は、メンドーサが新大陸に到達する九年前に建てられているからである。カディスにブエン・アイレの分身が作られていたかどうかは私には分からない。一八一一年、ナポレオンはカディスに攻め込んでいるから、破壊されてしまったのか。いずれにしても、今日のブエノス・アイレスの名が地中海のサルディニア島の聖母マリアに由来していることは確実なのである。また、この事が現在のタンゴと決して無縁でないことも、タンゴの歴史をたどってゆけば明らかになってゆくのである。

草原の馬の大群は十二頭から

話は再び、草創期ブエノスにもどる。この「我々のブエン・アイレの聖母の港」町は、メンドーサ率いる一行にとって、住みやすいところとはならなかった。

当時、ブエノス・アイレス一帯にはインディオのケランディー族が居住していた。最初の間はスペイン征服者達に友好的であったが、その後虐待されたので反抗するようになって、スペイン人を襲った。金銀財宝は見つからず、その上食料は不足する。さらにインディオの襲撃が加わったので、メンドーサはそこに留まることを不可能と考えた。彼は部下のアジョーラスに百五十人の兵士をつけて、ペルーへの道を発見するために出発させた。そして自らはスペインに帰国の航海中、罹っていた梅毒が悪化して死亡した。

アジョーラスはパラナ河を渡り、パラグワイを通って現在のボリビアに到り、銀を見つけたが、インディオに殺された。

アジョーラスに次いでイララは一五三七年ファン・デ・サラサルによって建設された今日のパラグワイの首都であるアスンションの町に移り、ここをスペイン植民者の根拠地としたが、グワラニー族が絶えず襲来するので、一五四一年ブエノス・アイレスに残っていたスペイン人はそこを放棄して、全員アスンションに移り、イララ等と共にアスンションの町を防衛した。

メンドーサは七十二頭の馬を連れて来た。このとき南米には牛馬はいなかった。スペイン人はアスンションに移るとき、十二頭の馬を残して行った。この十二頭がその後ふえて野生の馬となった。四十年後にガライがブエノス・アイレスの町を再建した時には、馬の大群が草原を走り廻っていた。

一五四七年、アスンションを出発したスペイン人はアンデスを登って、今日のペルーのクスコに到着している。その時は既にインカ帝国は滅亡していたので、ペルーからボリビアを南下して、スペイン人がアルゼンチンの北部に来るようになった。

ラプラタ植民地の独立

ブエノス・アイレスの再建

一五七三年一一月、ファン・デ・ガライはパラナ河を南下し、サンタ・フエの町を建設し、インディオ防備のための要塞を築き、また牛馬をこの地方に放牧した。七年後の一五八〇年、ガライはさらに南下して、先にメンドーサが建設した後、放棄された土地に、再び「ブエノス・アイレスの聖母マリアの港」を建設した。リアチュエロの河口は低湿の地であったので、高台に相当する現在のレサマ公園からサンマルチン広場の間に町を作り、自らは今のナシオン銀行のある場所に家を建てて住居とした。

アルゼンチンへの経路

ラプラタ河に上陸したスペイン征服者によって、アスンション、サンタ・フエ、ブエノス・アイレス、コリエンテス等、パラナ河流域に数多くの町が作られた。それと同時に、ペルーを征服したスペイン人は、ボリビアの国境ウマウカを経て南下、一六八三年までに、ツクマン、コルドバ、サルタ、サンルイス、サンチヤゴ・デル・エステーロ、カタマルカ等の町が建設された。

西の方からは、隣国のチリからアンデス山脈を越えてスペイン人が入って来て、メンドサ、サンフアン、サンルイス等の町が出来た。このようにアルゼンチン領土の征服は、一、海路ラプラタ河から上陸して来た者。二、ペルー、ボリビアから南下して来た者。三、チリから入国して来た者。この三つの経路で行なわれた。

彼らはほとんど金銀財宝を求めてやって来たのであったが、それらは見つからず、多くの者はそまつな小屋に住み、空腹になやまされたのである。

この三つの経路と征服者が空腹であったという事実は、アルゼンチンの音楽の歴史を語る場合にたいへん重要なので、しっかりと記憶しておく必要がある。

牛馬の姿のない壁画

アルゼンチンの北部、フフイ、サルタ方面には、先住民族の残した壁画が遺跡として保存されている。いずれもスペイン人が来る以前に描かれたものであるが、この画には、動物として、コンドル、キツネ、ヤーマ等の姿を見つけることが出来るが、牛馬の姿はない。

それもそのはず、牛馬羊豚、これ等は皆スペイン人が本国から連れて来たもので、このアメリカ大陸には初めから居なかった。

メンドーサが連れて来た馬のうち、十二頭がパンパの大草原で繁殖したことは既述した。牛は一五七〇年の初期、アスンションに初めて輸入され、後ガライがサンタ・フエの町を建設した時に連れて来た。この時の牛とブエノス・アイレスを再建した時、アスンションから同伴した五百頭の牛が、このラプラタ河地方に移入された最初のものであった。

羊も豚も同様に、スペイン人が連れてきた。

広大なパンパの平原には、温暖な気候と適度の雨量があり、豊かな牧草が自然に生い繁っていた。加えて、当時肉食動物がほとんどいなかったので、牛馬はどんどん殖えて、一七〇〇年代の中頃には、パンパには、所有者のいない牛が約八千万頭も居たと記録が残されている。

この牛馬の大繁殖もまた、タンゴの歴史を語る場合に欠くことの出来ない重要な出来事なのである。

ラプラタ植民地の独立

ブラジルは当時強硬な南下政策をとり、ラプラタ河東岸に進出し、一六八〇年、ラプラタ河左岸に植民地の町を作った。これはトルデシージャ条約に違反する行為であったので、スペイン人とポルトガル人との間には絶えず紛争が続いていた。一七二三年スペインはポルトガル軍をラプラタ河左岸より撃退し、そこに城塞を築き、「サンフエリッペ・デ・モンテビデオ」と名付けた。一七二九年一二月二〇日、正式にモンテビデオの町の建設が宣言され、スペイン領となった。

このようなブラジルの南下政策と加えて英国の海賊船が頻繁に現われて、アルゼンチン南部のスペイン領土をおびやかしたので、スペイン王カルロス三世は植民地防衛のため、一七七六年八月、今日のアルゼンチン、パラグワイ、ウルグワイ、ボリビア（アルト・ペルー）の地域をペルーより独立させ、ラプラタ副王領とし、首都をブエノス・アイレスに定め、総督府をそこに置いた。そしてアルゼンチン、ウルグワイ地方はラプラタ植民地と呼ばれた。

以後、アルゼンチンは、一八一〇年五月二五日、独立革命政府を樹立、一八一三年黒人奴隷の解放、一八一六年七月九日、独立宣言と続き、ウルグワイも一八二八年一〇月三日独立を達成した。

このように書き進めると、タンゴの歴史ではなく、アルゼンチンをはじめとする南米の歴史ではないかと言われるかも知れない。

しかし私はタンゴの起源を調べているうちに実感したのであるが、音楽はそれぞれの土地における地理、経済、政治、人種、気候、習慣等と深い関係にある。アメリカ大陸における風俗文化は、まさにヨーロッパ征服者の歩みと共に広がって来たのである。

2 「タンゴ」の語源とその意味の変遷

タンゴとタンボ、タンボール

タンゴという言葉はどこから来たか

タンゴ。この言葉を聴いて、皆さんの頭の中に思い浮かぶのは、「ラ・クンパルシータ」、「カミニート」、「アディオス・パンパ・ミア」等のメロディであろうか。

少し年輩の方は、「碧空」、「夜のタンゴ」等が懐かしい。前者はアルゼンチンのタンゴで、後者はコンチネルタンゴ(ヨーロッパタンゴ、欧州タンゴ)の代表曲である。

一方、クラシック音楽に親しんでおられる人々は、アルベニス作曲の「タンゴ」と題する曲を御存じのはずである。この曲は、前述したポピュラー音楽としてのタンゴと違って、クラシックの分野に入っている。

通説ではタンゴ発祥の地は前述したようにアルゼンチンの首都ブエノス・アイレスのボカ地区で、遅くとも十九世紀末には音楽としてのタンゴはほぼ出来上っていたとされている。その根拠としては、いずれもアルゼンチンタンゴの名曲として現在も演奏されている「エル・エントレリアーノ」が一八九七年に、「ドン・ファン」がその翌年に、作曲されたという事実をあげることができる。

では、この「タンゴ」なる言葉も、十九世紀末アルゼンチンで生まれたのであろうか。

ボカという所は、ペドロ・デ・メンドーサが上陸した場所に近く、彼の去った後、ブエノスを再建したガライが作った街の南端に相当する現在のレサマ公園も近い。この地はヨーロッパ人が来るまでは、先住民インディオの住む所であった。従ってここで使用される言葉はヨーロッパ人、または彼等が連れて来たアフリカ黒人、そしてインディオのものしかなかった筈である。しかしアルゼンチンはスペイン語の国である。西和辞典を調べるとタンゴは「もと南米土人の舞踊」と記載されている。この土人なる言葉をアルゼンチン在住の日本人はインディオを意味する言葉として使っている。また、一方ではアフリカ黒人とも解釈することが出来る。

スペインの宣教師バルトロメ・デ・ラス・カーサスについて、アルゼンチンの文学者ボルヘスは彼の著書『汚辱の世界史』（一九三三年）の中で、次のように述べている。

「カーサスは一五一七年、アンチル列島の地獄のような金坑で苦しんでいるインディオにたいそう同情し、ときのスペイン王カルロス一世に、代わりにアフリカ黒人を輸入して、この金坑で牛馬の如く働かせるという案を進言した。南北アメリカを通じて、この奇妙にねじくれた博愛主義に負うものは無数にある。その一つにタンゴの起源を黒人までさかのぼってあとづけたウルグワイ人ドン・ビセンテ・ロシイの土の香の高い好散文。タンゴの母なるハバネラ。黒人の踊りカンドンベ……」。この著述からみるとタンゴはアフリカ黒人に関係が深いようである。

タンゴをタンボと間違えたスペインの役人

あるタンゴコンサートのプログラムに、タンゴのことをタンボともいうと書いてあった。事実ラプラタ地方の古い公文書には、「タンボ」という言葉が黒人の踊りに関係して出ている。調べて行くと、タンゴなる言葉は十九世紀末に音楽と一緒に生まれて来たとは考え難いのである。

アルゼンチン在住の田中千信氏は、「タンゴ」という字がラプラタ植民地の公文書にはじめて現われたのは一八〇七年と書いている。この年、モンテビデオの市民は、時のモンテビデオ総督フランシスコ・ハビエル・エリオに一通の請願書を提出した。その内容は「黒人たちがタンボまたはタンゴという踊りを毎晩おどり、市民の安眠をさまたげているから、止めさせるよう布命を願います」というものであった。

ここに登場する黒人たちはアフリカから連れて来られた奴隷のことである。ラス・カーサス神父の「博愛」はこのラプラタの地方にも及んだ。スペイン人は最初インディオを牛馬の如く使役したが、もともと体力のない彼らにとって重労働は無理で、疲労と伝染病のため、次々と死んでいった。この労働力不足を補うため、ラプラタ植民地にアフリカから体力に勝る黒人が輸入されるようになった。

最初、新大陸に来たスペイン人は飢え苦しんだが、メンドーサとガライが放牧した牛馬は大繁殖の途上にあり、加えて後からスペイン人が連れて来た羊豚等の家畜も増える一方であった。これら牛馬の肉はこの地方のスペイン人、黒人奴隷の食料としては充分すぎる量であった。それだけでなく、ラプラタ地方から供給される無限に近い食料は、スペイン領アメリカの多数のヨーロッパ植民、並びに莫大な人数の黒人を奴隷として受け入れることを可能とするのである。

冒頭で述べたモンセラー教会の在る地区はタンボール[*1]街とも呼ばれ、主として黒人の住む所であった。スペイン語の辞書によるとタンボールとは太鼓の意味である。そしてタンボ[*2]は宿舎のことである

1　*Tambor*
2　*tambo*

が、もともとタンボは先住インディオ、ケチュア族のタンプ[※3]から由来した言葉で宿の事である。日本の田の「たんぼ」と発音も意味も似ている。

タンゴ、タンボ、…よく似た発音である。タンゴなる発音はタンボールから由来したのか、ケチュア語のタンボがタンゴになったのか。さらに、もともと宿を意味するケチュア語のタンボにはタンゴと同じ意味があったのであろうかといった疑問が起こって来る。

結局のところ、タンゴは、(1)新大陸以外の場所から来た言葉である。(2)新大陸で作られた言葉である(狭い意味ではアルゼンチン生れである)。このどちらなのだろうか。これに関しては先人たちの研究の末、既に結論が出ている。

ロドリゲス・モーロは新大陸に来たスペイン人は発音が悪く、タンゴの発音も曖昧で、人々はタンゴをタンボと聞き違えてしまったと言っている。そしてスペイン人はタンボと言うケチュア語を新大陸のインディオが使っていると知っていたが、タンゴなる言葉は最初の頃に来たスペイン人にとっては知らない言葉なのであった。

また、当時はパナマの民謡でタンボールなる言葉が使われていたし、パナマの黒人もタンボールとタンゴの二つの言葉を太鼓の意味で用いたが、タンボは使っていない。そして、ホセ・ゴベージョの研究で結論が得られた。

「タンボールはアフリカ大陸の言葉で、黒人の踊りの伴奏に使う太鼓の一種の名であり、黒人と共に新大陸に来てスペイン語に取り入れられた。タンゴもまた、黒人の言葉であった。一方ではラプラタ植民地には、ケチュア語で、タンゴと似た発音のタンボなる言葉があった。新大陸に来たばかりのスペイン人はタンゴという言葉を知らないのに加えて、スペイン人、奴隷の黒人共に発音の悪いスペ

3　*tanpu*

イン語を使っていた。それで、スペイン本国から来たばかりの役人が公文書にタンゴとタンボを間違って書き込んだので、黒人の踊りがタンボとなってしまい、それからタンボとタンゴが同じ意味に使われるようになった。したがってタンゴは新大陸以外の場所から黒人奴隷と共に来た言葉である」。すなわち西和辞典に記載されている「南米土人」とは、インディオではなくアフリカ黒人のことである。

タンボールはアフリカの言葉で太鼓の一種を意味することは既に述べた通りであるが、それではタンゴと言う言葉は、アフリカから来た黒人奴隷にとって、どのような意味をもっていたのであろうか。

タンゴマオと呼ばれた人たち

奴隷売買の案内人

新大陸発見後、大西洋をこえ、奴隷として輸入されたアフリカ黒人の人数は五千万とも六千万ともいわれる。彼らのうち、生きてアメリカ大陸に着いた者は幸運であった。なぜならば、船に乗せられた黒人の三分の一以上は牛馬以下の非衛生的な扱いのため奴隷船の中で死亡し海に捨てられたといわれている。また奴隷狩りでつかまり、奥地から海岸まで連れ出される時に、少しでも病気に罹ったものは、容赦なく首を切られ、打ちすてられている。彼ら、十六世紀から十九世紀に至る黒人たちの運命について、私たちはもっと深く広く、知らされるべきであろう。

いまは、タンゴなる言葉に関係のある奴隷の歴史を探るべく、話を進めることにする。

コロンの新大陸発見に先がけて、ポルトガル人はアフリカ大陸の征服を進めていた。一六二七年、イエズス会神父、アロンソ・デ・サンドバルは、セビリアで一冊の本を出した。本の内容は主として、エチオピアの宗教に関するものであるが、同時に黒人売買と、タンゴマオ[*4]と呼ばれる人達がその著書に現われて来る。タンゴマオとは何なのか。もう一人のイエズス会神父、フェルナンドは、一六〇〇～一六〇九年にかけて次のような説明を残している。

「タンゴマオとは各人がポルトガルの国籍を有し、加えて洗礼を受けたキリスト教徒である。未開人と混じって、彼らと同じような裸体で、肌に入れ墨を彫り、野蛮な生活を送り、ギアナで奴隷売買に従事している」。

サンドバルは著書の中で、タンゴマオの実態をさらに詳しく説明している。

「商人や船主が港に着くと、彼らが運んで来た品物を、ギアナに住み着いているポルトガルの良き隣人で、タンゴマオと呼ばれている人に、黒人と交換に売るのである。商品は布地、じゅず玉、鉄製品、ブドウ酒、にんにく等であり、その中には遥々インドから運んで来た衣装も混じっていた。タンゴマオは配下の黒人を使って陸地の奥に商品を運び、それと交換に良い値段に売れる黒人を探し求めるのである」。

タンゴマオはサントメの住民

サンドバルはアフリカ西海岸ギニア湾上に浮ぶ赤道直下の島、サントメに住む人達についての記録も残している。

それによると、この島で生まれたポルトガル人で、サントメの人と呼ばれる人達が居た。彼らは永くこの島に住んでいるので、アフリカの未開人と交流があったが、使用していた言葉は、本国の言葉

4　*tangomao*

と違ったたいそう形の乱れたポルトガル語であった。この言葉は十六世紀の中頃には、一部のアフリカの海岸地帯で使用されていたと推測されている。これは言語学者の間では、商業用ピジン語から分派した言葉の始まりであるという点で見解が一致している。

サンドバルの記録によると、このサントメの言葉にタンゴマオが含まれている。

タンゴマオなる言葉の語源については、まだはっきりしない部分もあるのだが、有力なのは次の様な言葉である。

タンゴマンゴ[*5]　呪いが原因でおこる病気
タンガ[*6]　土着の装束
トウルヒマオ[*7]　音楽演奏を先祖代々続けている家系の人

そして、西アフリカ、シエラレオネの呪術師達が集まって行う任命式を表す言葉であるともいわれている。

タンゴマオの語源が、音楽、任命、呪術師、装束、病気に関係があるとすれば、儀式のような場面を想像することが出来る。

ところで、サンドバルの著書を詳細に研究した学者グランダは、一つの疑問を投じた。サンドバルの原文では、アフリカの普通の種族の間でも十六世紀中ごろにはポルトガル語が使用されていたと記されているが、この言葉とサントメの人達のものとが同じであるとしている点についてである。

アフリカの普通の種族の黒人は正規のポルトガル語を使用していたからサントメの言葉はほとんど理解し得なかっただろう。したがってサントメの言葉がサントメ島からアフリカ海岸地帯に伝わり、その後内陸に広まったのは、アフリカ大陸にポルトガル語がはいってくるよりもっと前だったに違い

5　*tangomango*
6　*tanga*
7　*turgimão*

ないとグランダは解釈している。

その証拠として彼は次のように述べる。サンドバルの記録が最も古いので、もし十六世紀の中頃から十七世紀より前に、サントメの言葉がアフリカで使われていたとしても、証明が出来ない。しかし、サントメ島およびアフリカ海岸地帯を除いては、アフリカ黒人の間で乱れたポルトガル語は使用された形跡のないことから、サンドバルはサントメ島の話を十六世紀の中頃にしてしまっているが、本当は、十五世紀後半に起っていたものと考えられる。サントメにおいてタンゴという発音を含んだ言葉は意外に早く現われていたのである。

一方タンボールがアフリカ大陸の言葉で、黒人の踊りの伴奏に使う太鼓の一種の名であるとすれば、太鼓の音を表現した擬声語であるとの説もある。この説を全く否定は出来ないが、太鼓の音を「タン・ゴー」と聞える人には都合が良いが、「タン・タン」とか「ドン・ドン」と耳に響く人に対しては説得力に乏しい。

ラテン語とポルトガル語の関係

タンゴマオの語源がアフリカ黒人の間で行なわれていた儀式に関係があるらしいと分かると、タンゴの言葉の由来にかなり近づいたことになる。

すなわち、ポルトガル語がどのような形式であれ、新大陸発見前にアフリカ大陸に広まっていたこと、現在のタンゴが音楽であることから、アフリカ黒人が儀式に用いていた音楽の形式を調べ、それに近いポルトガル語を探せば良いのである。アルゼンチンのホセ・ゴベージョはこの方法で研究をすすめ、ポルトガル語（TANGER）からタンゴと言う言葉が由来していると説明している。

彼の説によると、ラテン語の動詞（TANGERE）には「手で触れて物を鳴らす」と言う意味があり、吹いて出す音ではない。このラテン語からポルトガル語の同意義の動詞（TANGER）が自然に作られ、その一人称単数現在形がタンゴ（TANGO）なのである。ポルトガル語の辞典には（TANGER）は「叩《たた》いて鳴らすこと」と記載されている。

ウルグワイ、アルゼンチンのタンゴ史家の間では「タンゴ」はサントメ島から出た言葉であるという点では意見が一致している。

サントメに着いた最初のポルトガル人は、黒人の太鼓の音を表現する時、ラテン語を想い出した。そこから太鼓を鳴らすことを意味するサントメ語が生まれ、それが正規のポルトガル語として用いられるようになったのであろう。だからこそ、太鼓の音が「タン・タン」としか聞えない人でも、表現する時にはタンゴになるのである。

呪術師を中心にして、黒人が太鼓を叩き、異様な装束を身に着けて、儀式を行なっている。そのような場所へ行ける人に付けられた名前が、タンゴマオ(タンゴ人)であった。

サントメのタンゴという発音を含んだ言葉は、アフリカ黒人の間に広まり、短期間の内に彼らの言葉になってしまった。このことは、黒人の間にも似たような言葉が存在していたことと関係がある。

フェルナンド・オルテイスの言を引用すると、「中央アフリカのコンゴ、ナイジェリア、アンゴラの黒人は、おどることを『タングー』[*8]とか『トウーングー』[*9]、また所によっては『ヌテイアングー』[*10]ともいう」。

これらの言葉はやがて支配者となったポルトガル人の使う「タンゴ」が広まるに従って、消滅していったものと考えられる。反対にポルトガル人が黒人の言葉に一番近いラテン語（TANGERE）を見

8　*tangu*
9　*tungu*
10　*ntiangu*

つけて使ったのかも知れない。

いずれにしても、タンゴなる言葉はポルトガル人がサントメ島を中心とする地方に入植を開始した十五世紀には使われ始めていた言葉で、アフリカ黒人の儀式の太鼓と関係があることは間違いないようである。では、アフリカ内陸の黒人は、どのような意味の言葉として用い、さらにラプラタ地方へはどのような経路で伝わり、そしてどのような意味の言葉として定着していったのか。話を進めよう。

「タンゴ」という言葉の変遷

禁断の地「タンゴ」

ラプラタ地方の公文書にタンゴなる言葉が現われたのは一八〇七年であったが、一六〇〇年代の初めに、タンゴはサントメの言葉としてアフリカ西海岸ギニア地方で使われていたことがわかった。それでは、どのような経路でこのタンゴという発音の言葉がラプラタ地方に来たのだろうか。

新大陸の労働力としてアフリカ黒人奴隷の需要が高まると、黒い商品を求めて、商人はコンゴ、ギニア湾、そして南スーダンの各地に集まって来た。この地方に住む黒人種族の中で、タンゴを「閉鎖された場所」の意味を持つ言葉として使用している者達がいた。

その場所は他の部族の立入りが許されない、宗教的行事を行なう禁断の聖域であった。前述のタンゴマオの語源とも一致する。

またタンゴなる言葉はポルトガル人によって作られたもので、黒人が太鼓をたたきながら行なう、彼らの王、または酋長の即位式の踊りと解釈しても間違いではない。このような場所は彼らの部落近くに在るから、タンゴマオの配下も、ヨーロッパの商人も、奴隷として黒人を買う場合、タンゴと名の付いている場所に行くのが一番容易な方法であった。そして実際、彼らは禁断であろうがおかまいなしに、タンゴへはいっていった。

部落の支配者階級である酋長一族、呪術師等は、奴隷商人の持ち込んだ酒に酔い、じゅず玉で身を飾って、太鼓を打ち鳴らして踊り祝い、その代償に若い男女が売られていったのであろう。このような手続きなしで直接に捕えられた者もいたのはもちろんのことなのだが。

奴隷商人は黒人が使っているタンゴという発音が、ラテン語から転化したポルトガル語であることを知らずに、アフリカ黒人の言葉であると思ったらしい。やがて商人達は、黒い商品を新大陸に送るために集めておく場所をタンゴと呼んだのである。商品としての黒い人達は船積みされる港の近くに集められていたので、奴隷船はタンゴから出発したことになる。

ここでタンゴなる言葉は黒人奴隷と共に新大陸に持込まれたことが判明した。

ビセンテ・ロシイは次のように述べている。「ラプラタ植民地で黒人奴隷に関する公文書が現われたのは一六九三年のことで、ポルトガル人がモンテビデオに輸入したものだが、これら中央アフリカから入って来た黒人奴隷によってタンゴなる言葉が輸入された」。ラプラタ地方のスペイン人もタンゴという新しいポルトガル語を知らず、アフリカの言葉と思い込んだことがわかる。

ラプラタ地方でタンゴといえば、最初は、中央アフリカの黒人の言葉で、黒人の踊り全般を意味するものとして受け取られていた。しかしながら、タンゴはそれ以外の意味を持つ言葉としても使われている。

それは、黒人奴隷を売買する市場のことでもあった。

「タンゴ」で売られた黒人奴隷

リオ・デ・ラプラタ植民地に輸入された黒人奴隷の歴史は古く、この植民地ができたばかりの一六〇〇年代の初めからインディオに代わる労働力として輸入された。その代表的な証左として、一六〇八年、ブエノス・アイレス市会がスペイン王にアフリカから黒人を輸入する許可を願い出ている文献がある。同じ頃、アルゼンチン北部の町ラ・リオハの住民達も、労働に使役しているインディオの数が減ったことを理由に、リオハの住民一人に対して五十人の割で、黒人奴隷の輸入をスペイン王に申請している。これらが許可になり、アフリカから黒人がラプラタ植民地に輸入されることになった。

最初の頃はポルトガル人が黒人を奴隷船に積んで南米に運んだが、その後スペイン王とイギリスの奴隷貿易会社の間に契約が出来て、イギリス船が中央アフリカから黒人を輸入した。黒人奴隷がこの地方に輸入された年代について、ビセンテ・ロシイは一六九三年であると述べているが、先のタンゴマオの記録から推測しても、もう少し早い一六〇〇年代の初めと思われる。

ギニア海岸地方から新大陸への奴隷貿易をはじめたのはポルトガル人だが、その仲介をした黒人がギニア海岸に居た。彼らはポンペイロと呼ばれ、早くからポルトガル人を含む白人と交渉があり、白人に近い服装をしていた。ポンペイロは奥地から連れ出された黒人との通訳をしたり、さらに奴隷船に乗り込んで、奴隷の監督をしたりした。このポンペイロが前述のタンゴマオと呼ばれた人達である可能性は非常に大きい。ポンペイロが黒人であると言うのは、タンゴマオはアフリカ人との混血が多い上、永い間、アフリカに住んでいたので黒人とみなされてしまったのであろう。ポンペイロは黒人の習性に良く通じていた。そして彼らは航海中、船中におしこめた奴隷が運動不足で弱るのを防ぐため、時々甲板につれ出し、タンゴを踊らせたのである。

現レティーロ駅（88年8月）

黒人奴隷はタンゴと名の付いている場所で捕まり、タンゴから船に乗せられ、タンゴを船の上で踊らされたのである。そして新大陸では再びタンゴと名のつく新しい場所が生まれた。この大陸で最初にタンゴと呼ぶ所は奴隷市場であった。彼らはすなわち、タンゴから売りに出されたのである。ブエノス・アイレスでは現在の鉄道ターミナルであるレティーロ駅が大きな奴隷市場であった。

奴隷船は毎回三百から四百の黒人をアフリカから連れて来た。奴隷たちは売られる前は牛馬と同じ囲の中に入れられ、彼らがそのままする大小便の悪臭は周囲十キロメートル以上に達したほどであった。

十九世紀初頭には黒人がいろいろな目的で集まるとタンゴと呼ばれるようになる。

アルゼンチンは一八一三年、黒人の子供を奴隷にすることを禁じ、一八五三年憲法で奴隷制度を廃止した。この頃からタンゴは黒人社会の事を意味するようになった。これらの社会は別名をナシオンと呼び、黒人達がお互いに助け合ったり、お金を集めて、同胞の奴隷を身受けして自由にしたりする組織であったが、この社会がタンゴと呼ばれて有名になったのは、彼らが故郷アフリカから受継いで来た踊り、タンゴのために他ならない。

ナシオンでは同郷の者達が集まってお祭りをして同族意識の高揚に励んだ。その方法は、一つのナシオンが王、王女を選び、即位式を行なって、彼等の神に礼拝する。その時、太鼓が鳴らされ賑やかに踊りが始まるのが常であった。しかし宗教的には、礼拝の対象はカトリック、方法は彼等の神に対するものという混合形態をなしていた。

この黒人の踊りが後に述べるカンドンベ[*11]である。

ラプラタ地方の黒人たち

家事労働、育児を分担

モンテビデオやブエノスに輸入された黒人奴隷は、北米の黒人奴隷の悲惨な生活よりは比較的大切に扱われた。これは、北米とラプラタ植民地開発の歴史において、それぞれの場所へ入植したヨーロッパ人種の相異に負うところが大きい。

スペイン人は新大陸の先住民族が作ったインカ、マヤ等の国を滅ぼしたが、一方でイベリア半島ではイスラム支配下当時、モーロー人との通婚が盛んであったのは歴史的な事実である。したがって中南米に入植したラテンアメリカ人は肌の色に関してはアングロサクソンに比較してずっとむとんちゃくであった。

北米では綿や砂糖キビの栽培に大量の労働力を必要とし、黒人奴隷が使用されたが、ラプラタ地方には、この様な産業はなく、主に家庭の仕事に従事させられた(ボリビア等では鉱山があったが、これはインディオで充分まにあった)。

モンテ市、ブエノス市では、黒人は下男、女中の仕事が主であり、時がたつと上流社会ではほとんどの仕事を黒人が行ない、黒人の執事に家事一切すべてをまかせている家庭が多くなった。女奴隷は洗濯、裁縫から、乳母の役までを行なっている。

11　*candombe*

黒人の女奴隷が乳母の役をしていたことは案外重要な意味を持っている。当時の上流階級の大部分は幼い頃、黒人の乳母から盲目的な母性愛を受けて育った。そのために社交にいそがしくて余りかまってくれない実母以上に黒人の乳母になついたのである。

北米でも下男、女中は黒人であったが、常に白人との間に一線が画され、使用するものすべてが別であった。これに反してラプラタ地方の上流家庭では、奴隷とはいえ家庭の重要な一員であった。これを裏付ける資料として田中氏は、ハドソンの著作『はるかなる国、とおい昔』の一節を引用している。

「ある家庭の女主人は二人の娘と四、五人の黒人女奴隷の召使たちに取り巻かれて暮らすのが常で、二人の娘は、黒人女中の子とゆりかごの中でお互いに睦じく育てられた」。

一八〇七年、英国はブエノス・アイレスに艦隊を出動させて攻撃した。この戦いはブエノス側の勝利に終ったが、この時黒人が大活躍をしている。その結果、功績のあった奴隷六十人が解放された。

この様に、人種的偏見がラプラタ植民地では比較的少なかった事が、アルゼンチンが北米やブラジルより早く奴隷解放を実施したことにつながり、さらにはタンゴの誕生と微妙な関係を持つことになる(北米のそれは一八六二年、ブラジルは一八八八年)。

黒人の踊り、カンドンベ

黒人奴隷が故郷アフリカの部族別に形成した社会がタンゴ、またはナシオンと名付けられ、ここで行なわれた踊りがカンドンベであると書いたが、もう少し詳しく説明することとしよう。

カンドンベとは、ラプラタ植民地に輸入された黒人たちの故郷、中央アフリカの儀式の時の踊りが変化し、祭日の踊りとなったもので、十八世紀から盛んになり、一八七〇年代の終りには姿を消してしまった。前述したように中央アフリカでは、王または酋長の即位式の時、異様な装束をまとった呪術師を中心に、彼らの神に捧げる踊りが神秘的に行なわれた。その場所は聖域であり、秘密な区域であった。ここはタンゴとも呼ばれていた。

そこには異教の偶像、聖なる木、繁殖の象徴の山羊、万物のはじまりを表現するニワトリが祀られ、動物は生贄として捧げられた。

人々は輪になって踊り、神に礼拝した。短い小節の唄が音頭とりの一人の後に続いて繰り返され、太鼓が打ち鳴らされた。

この習慣は黒人奴隷とともに新大陸に持ち込まれ、十八世紀に入ると、その踊りの中の神秘な部分が無くなり、カトリック教会の行事と合体するようになった。この事実は、黒人の多くがカトリック信者になったが、なお自分達の宗教的習慣をも合わせ持つ混合主義の行事が新大陸に生まれたことを物語っている。

新大陸では聖なる木に代わって箒を持って踊った。太鼓をたたきながら黒人の集団が、先頭に神の使い、次いでいろいろなかざりをつけた王と王妃が家来を大勢連れて街を練り歩き、男女が二列に向かいあい、「すり足」で拍子をとりながら、口笛、歌、打楽器にあわせて、時々、口付けをしたり、膝のあたりで体をつけ合って踊り、踊りがクライマックスに達すると、一方で「オエー、エー」と叫ぶと、他方が「ヤン、バン、べー」と答え、これを何度も繰り返した。この「ヤン、バン、べー」がだんだん変化して「カンドンブレー」となり、最後に「カンドンべ」と呼ばれるようになった。

新大陸に来た黒人にとって、カトリックの聖者は、自分達の信仰している神と重なり合って大きな信仰の対象となったし、アフリカの神も残したかったので、カトリックとアフリカの神が共存する形で、黒人はカトリック信者になっていった。

したがって踊りの形式は同じでも、新大陸では各地で違った名称が付けられた。カレンダ、タンゴ、ラリアテ、カンドンベ、チチヤ、バンブーラ、カンドンブレ、センバ等である。

カンドンブレはブラジルに輸入された黒人がこの言葉を使っていたが、ポルトガル領ブラジルとラプラタ植民地との貿易で、ブラジルから来た黒人奴隷と共にこの言葉が入って来て、カンドンベとなった。

ラプラタ植民地では、先述のタンゴまたはナシオンが、各自に王、王妃を選んでカンドンベの行列を作って踊ったが、その催の期間はクリスマスから新年に限られていた。モンテではこの形式のカンドンベは一八八〇年代には姿を消している。ブエノスへはモンテから入って来て、一八三四年頃が最盛期であった。現在ラテンアメリカに残っているカーニバルの踊りは、このカンドンベが変わって大衆化したものである。ブラジルのサンバはこの部類の代表で、原始の名残りを止めているのが、マクンバすなわちブードウの儀式であろう。

ラプラタ植民地では、本来アフリカの儀式の際の踊りと太鼓の音楽であるタンゴが、カンドンベと同一視され、タンゴよりカンドンベの名が一般に知れわたってしまったのである。

この事から、ブラジルのタンゴ（カンドンベ）はサンバ、キューバのタンゴはハバネラ、北米のジャズ（これもアフリカ起源の言葉である）も北米のタンゴという事が出来る。

カンドンベは一般に知られるようにはなったが、まだまだ黒人社会の中の踊りであり、白人社会にはこの踊りがカーニバルを楽しむためのものとして取り入れられたにすぎない。カンドンベが現在のタンゴと関わりを持つようになるには、クリオージョと呼ばれる新大陸生まれの人達がこの踊りに関わる日まで待たねばならない。

踊りだけで始まったカンドンベは、ラプラタ地方の特色に応じて適切な形で引継がれていき、後になって素晴らしい子孫を生んだ。それはラテンアメリカにおける多くのカーニバルの踊りであると同時に、タンゴもそのカテゴリーに含まれるのである。

クリオージョ[*12]という言葉

スペイン語辞書には「その土地の、中南米生まれとかアメリカ生まれの白人、黒人」といった訳がなされている。アルゼンチンでクリオージョという言葉は一般にアルゼンチン人を意味するが、これは今のアルゼンチン人の大部分が、アルゼンチンで生まれた人で占められているからである。南米アメリカ大陸に住む人達は三つの種類に分類する事ができる。もともとこの大陸に住んでいたインディオ(北米ではインディアン)、ヨーロッパを中心に新大陸に移住して来た人達、そしてアフリカから奴隷として連れてこられた黒人である。この三つの人種のうち、インディオにクリオージョは居ない。それは次のような理由による。

クリオージョはタンゴと同じくアフリカの黒人が使った言葉を先祖としているが、私はこの言葉もタンゴという言葉と同様に、ポルトガル語と関係があると思っている。クリオージョという言葉はクリア[*13](乳児)を起源としていると言われるが、中央アフリカの黒人は赤子をクリオ[*14]と呼んだ。

ポルトガル語でクリアは獣の子のことである。アフリカを征服したポルトガル人は、黒人を人間と見なしていなかったに違いない。したがって黒人の言葉からポルトガル語が作られたのか、逆にポル

12　*criollo*
13　*cria*
14　*criõ*

トガル語のクリアが黒人のクリオを生んだのかは定かではないが、クリオージョはアフリカから来た言葉であることは確かである。

黒人のクリオは奴隷と共にラプラタ植民地に渡って来て、クリオイート[*15]、クロイーロ[*16]と変化し、最後にクリオージョとなった。クリオージョとはアフリカから輸入された黒人（一世）に対し、新大陸生まれの黒人（二世）を指す言葉として最初は使われた。

ずっと後になってアメリカ大陸生まれのヨーロッパ人の子孫もクリオージョと呼ばれるようになる。だから、もともとアメリカ大陸に住んでいるインディオは一世、二世の区別はないからクリオージョという人種は存在し得ないのである。

前述のサントメに住んでいたタンゴマオはポルトガル人のクリオージョであった可能性が大きい。クリオージョがラテンアメリカで政治、経済、芸術の分野で貢献した功績ははかり知れない。クリオージョはタンゴと同じくアフリカ黒人が使った言葉を先祖とし、ネグロ・クリオージョがタンゴをはじめてラプラタ植民地に広めて行く事実は章を追って説明する。

同時に白人クリオージョの存在も無視し得ない。すなわち、ラテンアメリカにおいては、植民開始後から本国生まれのスペイン人が政治的に重要なポストを独占し、新大陸生まれのクリオージョを軽視した。そのためクリオージョの本国に対する妬みは激しく、十九世紀に入ってから、クリオージョがラテンアメリカ各国独立の担い手となった。アルゼンチン独立の父・サンマルチン、ベネズエラのミランダ、ボリビア共和国設立のシモン・ボリーバル、パラグワイの独裁者ロペス等、多くの指導者がクリオージョであった。このことは富と権力がクリオージョに移ってきたことを物語っている。そしてタンゴを世界に広めるのもこれらのクリオージョ階層であることを理解して頂けるに違いない。

15　*crioito*
16　*croilo*

新大陸で生まれた黒人はネグロ・クリオージョと呼ばれた。どこの国の移民でも二世と一世はいろいろな点で違いがあるものだが、ラプラタ植民地の黒人も例外ではなかった。

この地方の黒人奴隷は北米のそれに比べて、人権を認められたとは言え、やはり奴隷の身分に変りはなく、十八世紀の街には、商品としての価値しかない人間売買の広告が出されていた。

・売りたし
二十歳の黒人女、アイロン出来、料理上手、容姿も良好
・売る
黒人女、十六歳と十八歳、一人づつ、又は別々でも可
・お買い得品
黒人女二百ペソ、ロバ一匹付き

一八一三年、ラプラタ地方では黒人の女性から生まれた子供（混血児も含む）を奴隷にする事を禁止する法律、リベルタード・デ・ビエントレスが成立した。もともとラプラタ植民地の黒人奴隷は比較的優遇されていたが、この法律が出来ると、この現象に拍車がかかった。ハドソンが書いたように、白人の家庭でのんびりとネグロ・クリオージョは育てられ、先天的な音楽的素質も一世から受け継いだ。しかし黒人は自由の身になったと言っても、貧しく、社会の最下層を形成する人々であった。彼らはラプラタ河岸（オリージャ）に住んでいたので、オリジエーロ（河岸に住む人）と呼ばれた。

モンセラー街の誕生

バルセローナのモンセラー教会

六一〇年頃アラビア半島で成立したイスラム教は、その政治、軍事的エネルギーを増大させ、七一一年、イベリア半島に侵入した。モーロー人がスペインのバルセローナに近づいた時、当時の最高聖職主教の最も重大な関心事は、バルセローナを中心に崇拝している古いローマの聖像を如何に隠匿、秘蔵するかということであった。その結果、聖像はバルセローナ郊外のモンセラー[*17]の山奥に密かに隠されて、百年以上、聖像の存在は忘れられていた。やがてスペインに国土回復運動が起こり、十五世紀末に、イスラム教徒モーロー人は、スペイン領土から追放された。

この聖像が再び人々の前に現われたのは、ある不思議な出来事の結果であった。羊の群の世話をしていた数人の牧童が、モンセラーの山奥から煌く星の光を見、妙なる讃美歌が伝わってくるのを聞いた。その光と音はモンセラーの山の同じ場所から伝わってくるのであった。噂は広がり、主教の耳にも届いた。主教は大勢の信者と共に山に登ったところ、光と音楽は洞窟の奥から伝わってくるではないか。一行が光明を頼りに洞窟の奥へと進んだ時、雑草におおわれた聖母像が泰然と安置されているのが見えたのであった。七世紀以上も暗い中に安置されていた聖母像は古色蒼然と黒く変化していた。この「黒い聖母」をバルセローナ市内に安置するため皆で持ち上げようとしたが、聖像はびくともせず動かない。そこで祠を作って安置した。後にベネディクト派の礼拝堂と修道院が建設された。バルセローナ郊外の有名なモンセラーのマリア像の由来である。

ブエノス・アイレスにもモンセラー教会が出現

話はアルゼンチンに移る。一七三四年、ブエノス・アイレス総督は、東に位置するラプラタ河岸から西に向って八つの地域に分け、各地域を三つの区画に分けた。

一七五〇年カタロニアの人、ペドロ・ファン・シエラは、ラプラタ河近くに土地を寄贈し、小さな礼拝堂を建立し、そこにスペインのバルセローナから「マリア像」の復製を奉納したのである。一七六九年、建築家アントニオ・マセージャは教会を作り、マリア像を安置した。この教会を含む地域はモンセラーと名付けられ、マリア像も「ヌエストラ・セニョーラ・デ・モンセラー」*18と命名された。別名を「ビルヘン・デ・モンセラー」(モンセラーの処女)と言う。このモンセラーの綴りは、スペインと違ってTが抜けている。河岸の平坦な場所にマリア像が安置されているのでTがないのである(mont-は山を意味する)。私の知る限りもう一カ所、Tの抜けた綴りを持つモンセラーなる場所がある。前述のボナリアのあるサルディニア島カリアリ市郊外の地名である。しかしそこにマリア像が有るのかどうかについては知らない。

モンセラー地区は古いブエノス・アイレスを代表する街であったが、一八八六年から進められた市の近代化により、その名は消えてしまった。再現すると北はリバダビア、南はコチャバンバの二つの通り、東にラプラタ河、西はエントレ・リオス通りに囲まれた地城である。コチャバンバ通りの南西にバラカス、南東にボカ地区が隣接している。そしてモンセラー教会はベルグラーノ通りと七月九日通りの西北の角に建っている。

18 *Nuestra Señora de Monserrat*

カンドンベを生んだ所

このモンセラー街からカンドンベが生まれた。

リバダビア通りの東端に在る五月広場から南は、サン・テルモ街で、今はタンゴを聴かせる店が並んでいるので有名であるが、前述のモンセラー教会が建つと、その聖像を慕って人が集まって来た。中でもサン・テルモは上流階級の住宅地となり、その結果、家事労働者として多くの黒人奴隷が集められた。黒人達はこのマリア像を中心に団結を強めていった。とりわけ東のラプラタ河岸には、奴隷、解放奴隷、混血黒人、ネグロ・クリオージョの他、貧しい移民が住みついたので、これらの人達をオリジエーロ（河岸に住む人）と言った。

モンセラーはボカ南部の牛馬屠殺場に近かった。オリジエーロは貧しく、肉が豊富な当時、犬さえ食べない内臓を常食としていたので、この附近を内臓の街（バリオ・デ・モンドンゴ）と人々は呼んだ。

黒人が集まれば、太鼓の音が響き渡り、年末、年始や祝日等にカンドンベの踊りがはじまる。しかも近くにカトリック教会がある。ブエノスにおけるカンドンベはこのバリオ・デ・モンドンゴから始まった。モンドンゴの街はタンボールの街とも呼ばれた。

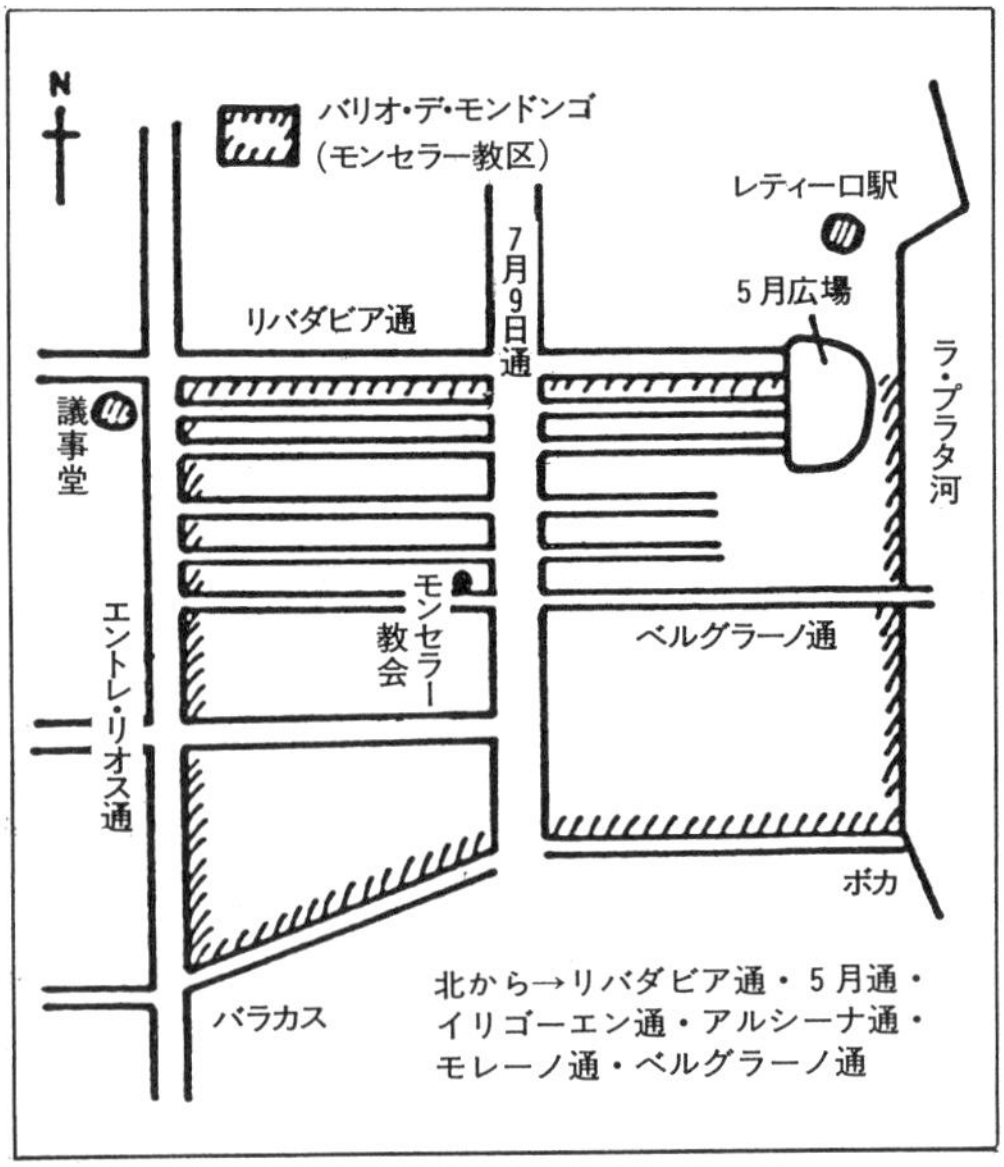

モンセラー地区の黒人は年と共に増え、相互扶助の社会ナシオンの大部分はこの場所に集まっていた。カンドンベも盛んに催された。タンゴが黒人の踊り全般を意味する言葉とすれば、あちらこちら

で黒人たちの踊りがみられたこのモンセラー地区がタンゴと呼ばれても無理はない。

ブエノスにできた初めての市街地モンセラー地区は、全く異色な二つの面を有していた。共に教会を中心にした宗教的色彩の濃い雰囲気ではあったが、一方は上流階級の街、もう一方は女色と快楽に酔いしれ、マーラー・ビーダー(悪の生活)を送る下層階級の生活でもあった。闘牛、闘鶏場、売春宿、安酒場がこの地区に集中した。

…おいらはモンセラーの住民だよ。皮で研いだナイフがギラギラ光っているよ…。

プラサ・デ・トロ(闘牛の広場)は、現在の五月広場と反対の方角に作られた広場で、闘牛場の建物があり、その周辺に広場があり活気を呈した。いろいろな階層の人が集まったが、多くのギター弾き、即興詩の歌手が集まり、騒々しい場所であった。酒が入ると、ナイフがきらめき、血が吹き、死体がころがった。しかしこれらの様相は十九世紀に入って見られたことである。

モンセラー教会の設立と共に、黒人墓地が作られたが、一八二二年にレコレータ墓地に移されている。

モンセラー教会地区の一応の外観が整ったのは一八四九年と記録されている。上流社会の人達のための劇場が建てられ、ヨーロッパの音楽や、オペラ、サルスエラ等が上演された。

昔のプラサ・デ・モンセラー(モンセラー広場)で現在も姿を留めているのは、コングレソ広場である。この広場は、いまは国会議事堂の前にあり、アルゼンチンから各地に到る距離はここから始まる。また、ロダンの「考える人」の複製が置かれている。この広場の東に隣接して、ロレア広場がある。一八〇六年、英軍の侵攻時に、功績を残して命を失った愛国者ロレアの名を冠した広場として有名である。

このようにモンセラー地区は、ブエノス・アイレスの歴史を伝え、残していた所であると同時に、オリジエーロの住居でもあった。ブエノスのタンゴは、ここから産声をあげた。黒人は、ローソクを持ち、マリア像を先頭に荘厳な行列を作り、街を歩き、カンドンベを踊った。

アルゼンチンにおけるタンゴ発祥の歴史を語る時、モンセラー地区は欠かすことの出来ない場所なのである。しかしブエノスの発展と近代化の波に呑まれて、五月広場や七月九日通りに吸収され、あるいは壊されて、大部分の建造物や広場は姿を消し、街路の名前は変り、モンセラーの名前は人々の前から姿を消してしまったのであった。

3　ミロンガからタンゴへ

カンドンベ・クリオージョの誕生

ラサ・アフリカーナ楽団

ラプラタ地方ではタンゴは黒人の社会、ナシオンであり、黒人が集まればカンドンベの踊りが名物であった。そこで十九世紀の初めには「黒人が踊る場所」をタンゴと人々は呼んだ。もちろん踊りはカンドンベであった。一世の黒人は彼らの郷里からカンドンベを持って来たので、モンテビデオに輸入された奴隷は新年やクリスマス等の祝日にそれを踊って大さわぎをした(キューバやブラジルでも同じであった)。カンドンベを始める時、黒人は「トカー、タンゴ[*1]」(タンゴを鳴らせ)と口々に叫んで、タンボール(太鼓)を打つことを催促した。

一世の黒人のカンドンベは彼らの王や酋長の即位式の踊りである。これを踊ることにより、彼らは遙かな故郷を想い、奴隷の身を忘れて楽しんだのである。

一八五三年に奴隷制度が廃止になった。また伝染病などで、一世はだんだん少なくなりクリオージョの時代になると、彼らは各地で小さな楽団を作り、自家製の楽器を作り、自作自演、即興演奏で、新年、クリスマスはもちろん、日曜、祭日などに町を練り歩いて楽しんだ。この時のカンドンベは、

1　*Toca, tango.*

カンドンベ・クリオージョと呼ばれギターを始めとする伴奏楽器がはいり、つのぶえや太鼓だけだった初めのカンドンベとは異なっていた。スペイン人は一八〇〇年代の初めラプラタ地方にギターを持ち込んだが、十九世紀に入って新大陸各地に黒人の楽団が誕生し、打楽器以外に、アルパ、バイオリン、フルートによる編成を主とした大陸生まれの音楽(ムシカ・クリオージャ)を生んでいた。ムシカ・クリオージャのカンドンベ楽団を有名にしたのが一八六七年、モンテビデオで生まれた「ラサ・アフリカーナ」楽団である。アフリカ人種と自ら名乗るこの楽団は、男は白い麦わら帽子に赤い上衣、真白いズボンを穿き、革の長靴。女性はベレー帽、赤いブラウス、真白のミニスカート、ボタンの付いた革長靴というなかなか格好の良いグループで、ギターやバイオリンを抱え、軍隊用の太鼓を先頭に、唄を歌い、踊りながら当時のモンテビデオを練り歩いたものだから、すっかり有名になった。何時の世でも、若者が新しい流行を作るものである。

ラサ・アフリカーナ楽団はカーニバルの夜、自分達が作った舞曲「エル・チコーバ」に「タンゴ」と名を付け、楽団の先頭に立つ仮装したグループの一員が、紙に書いたその詩を見物の人達に配って歩いた。チコーバとは黒人が使うスペイン語で、箒の意味であり、アフリカの踊りの場で祀られていた聖木を継承している。抽象化されて新大陸のカンドンベには欠かすことのできない必需品であった。

ラプラタ地方のカンドンベは十八世紀頃から一般の知るところとなり、一八七〇年頃まで続くが、二つの山が見られる。第一は一世のカンドンベが最盛期の一八三四年頃で、行なわれていた場所はオリジエーロの住む街だ。すなわちモンテではバリオ・バホ(下層の街)、ブエノスではバリオ・デ・モンドンゴであった。

アルゼンチンは独立後で、ブエノス・アイレス州知事であり暴君として有名なファン・マヌエル・

ローサス統治下の暗黒時代であった（ローサスはアルゼンチンの連邦主義を奉じ、中央集権派の人間を徹底的に弾圧した）が、語り伝えによると、彼は黒人を愛し、カンドンベを保護している。だが彼の心情は今日のアパルトヘイト反対に見られる人種差別に反対の立場からではない。白人のクリオージョである彼は、幼少の頃黒人に囲まれて成長した影響によるところが大きい。

このローサスでさえ、カンドンベ見物に娘を同伴した時、彼女をモンドンゴの街には連れて行くとに二の足を踏み、ボカ地区に行っただけで帰っている。この事は、下々の生活の実態を知らない愛嬢が見れば、卒倒する位にオリジエーロの街は悲惨なのに比べて、今日のボカ（カミニート）は女性が訪れることも可能な場所であった事を物語っている。

第二の山は一八五五～一八七五年の二十年間で、ラサ・アフリカーナの誕生もこの時代である。

ラサ・アフリカーナがタンゴと名付けた曲は、踊りはカンドンベで、音楽といっても女性の歌手が高い声を張り上げて一小節歌うと、全楽団員がハーモニーを欠いた単調な唄を繰返すものだった。「エル・チコーバ」以後、ラサ・アフリカーナはカンドンベをタンゴと呼んだ。

カンドンベが洗練されて来ると黒人の踊りにも熱がこもり、白人もこの新しい音楽「タンゴ」を踊ってカーニバルの夜を楽しむため、踊りに加わる人が現われ始めた。

ここに一つの疑問が残る。ラサ・アフリカーナ楽団がどうしてカンドンベの踊りに「タンゴ」の名を付けたかと言うことである。

若いネグロ・クリオージョは、ただ親から引き継いだカンドンベの名に満足せず、わざわざ新しい舞曲「エル・チコーバ」を作ったのだ。そして新しい彼らの音楽に、黒人の社会と踊りを現わす言葉として古くからあった「タンゴ」の名を付けて、「新しいけれど我々の音楽」を主張したのである。

しかし、「エル・チコーバ」の踊りは、ゆっくりしたヨーロッパのガートに似た形式で、クラシックなカンドンベの部類に留まっていた。
カンドンベ・クリオージョの踊りのリズムは、最初の間はルネッサンス以後のヨーロッパ音楽形式が応用されている。パソドブレ、ガート、クワドリージヤ、ワルツ、マズルカ等である。

兵営からも生まれた

ラサ・アフリカーナ楽団が活躍した頃、モンテビデオに在る各地の黒人街に小楽団が生まれ、祭日、毎土曜、日曜にお互いにカンドンベの曲を競って騒いだ。
モンテやブエノスでは一八一〇年の独立戦争以前から、ネグロ・クリオージョは親から受け継いだ服従と体力の二大特徴を発揮出来る場所として軍隊に入る者が多かった。彼らは街に居る仲間が楽団を作って楽しんでいるのを見て、負けずに楽団を作って部隊ごとに腕を競い合い、彼らの上官も大いに奨励したので、有名な楽団が生まれた。モンテビデオ騎兵隊の楽団「ロス・バンバ」がその代表であった。このグループはカンドンベの曲「バンバ・ケレー」という唄を作ったところ、一般の人々にも受け、楽団はバンバ・ケレーの呼び名で通り、その唄は市民に愛唱された。

チーナの部屋（クワルトス・デ・チーナス[※2]）

ロス・バンバ楽団には街の楽団と同様に女性の歌手が居て、カーニバルの時には、歌い歩いている。当時の軍隊では黒人女性を必ず見かけた。彼女達は黒人兵の妻または娘であった。チーナと呼ばれた彼女らは戦争の時には看護婦や補給部隊として働き、場合によっては前線に出て銃撃戦を行なっている。チーナは植民地が出来た頃は、インディオの女性を指したが、やがてクリオージャ(二世の黒人女性)を意味するようになった。

チーナは軍隊と共に生活するため、普段は兵営の近くに小屋を造って住み、夫や父親の世話をしたのである。一家揃って軍隊に入っていると考えて良い。

カンドンベはモンテからブエノスへ

ブエノス・アイレスにも当時楽団は沢山あったが、これらは一世のカンドンベの風習をそのまま受け継いだもので、アフリカ伝来のカンドンベの域を少し出た程度のものだった。しかしラサ・アフリカーナ楽団がモンテで有名になると、その真似をするグループが現われ始めた。

一八六八年頃にはブエノスに住む白人の間でも上流社会に属する階層の青少年が、黒人と共にカンドンベの楽団を作っている。この階層の青少年は幼い頃、黒人の乳母に育てられ、時には乳母の子供である黒人と一緒に育ったことは既述した。この乳兄弟が楽団を作って楽しんでいる姿を見て、自分達も仲間入りをして混成楽団を作ってしまった。

白人は顔を真っ黒に塗って、ネグロ・クリオージョになりすまし、黒人訛のスペイン語を使った。ただし楽器をこなすのはネグロだけであった。ブエノスでは「ロス・ネグロス」と「ロス・ネグリートス・エスクラボス」と名の付く二つのグループが有名であった。ロス・ネグロスの踊りは当時ブエノスを訪れたキューバの黒人の踊りからヒントを得たもので、男性と女性のグループが向き合って歌と音楽にあわせ、手足を交互に振って拍子をとりながら前進と後退を繰り返す踊りであった。しかしブエノスではタンゴではなく昔ながらのカンドンベとして知られていた。

白人のカンドンベ楽団「ロス・ルウボロス」[*3]

ブエノスでロス・ネグロス等の黒人と白人の混成カンドンベ楽団が流行していた頃、モンテビデオにクリオージョ・ブランコ(新大陸生れの白人)だけのグループが生まれていた。一八七四年のカーニバルの時に生まれた「ロス・ルウボロス」である。

アルゼンチンで生まれたモンテビデオの住民の一人にベルナルド・エスカーラ・グレーウエルが居た。彼がブエノスに住んでいた頃、黒人の住居タンゴ(ナシオン)が各地にあり、それぞれに故国アフリカの地名が付けられていた。その中の一つルウボロは、一八二六年一二月一日、前述のモンセラー地区に作られたナシオンである。

アフリカのコンゴ地方にルウコラという河があり、この地方から多くの奴隷が南米に輸出された。このルウコラがルウボラと変わって呼ばれるようになった。やがてグレーウエルがモンテに移り、カーニバルのため、白人の男性だけで楽団を作り、その名をブエノスの黒人社会ルウボロに由来するロス・ルウボロスとした。

グレーウエルは自らバンドマスターになり、ラサ・アフリカーナと同じく演奏舞曲をタンゴと名付け、モンテの街に一つのブームを起こしたのであった。

この楽団はモンテの商人の子弟で編成されていた。顔を真っ黒に塗り、キューバやブラジルの黒人奴隷の服装である半ズボンに短かいシャツ、頭を色とりどりのスカーフでしばり、つばの広い大きな麦わら帽を背中に着けて、太鼓の他、ネグロ・クリオージョの使う楽器を必ず持っていた。

踊りの行列は、古いスタイルのカンドンベの真似をして、彼等の団長を王にして列の中央に据え、先頭には杖か箒の柄を持った者が音楽に合わせて踊った。白人二世で編成されたこのグループは黒人

3　*Los Rubolos*

動作の真似が真にせまり、また黒人訛のスペイン語も本物そっくりであったので、当時多かったネグロ・クリオージョの楽団よりも黒人らしいと伝わっている。

ロス・ルウボロスは年を追って有名になり、モンテのカーニバルでこの楽団が現われると、群集がこの回りをとりかこみ、一緒に踊り歌った。この人気の秘密は彼らのタンゴ(カンドンベ)が黒人より垢抜けていたことが第一に挙げられる。

もう一つは彼らの歌が当時の人の心をとらえたのであった。一八五〇年代にはラプラタ河岸地方の奴隷は解放されていたが、キューバ等は未だに奴隷制度が残り、キューバの船員等から彼等の惨めな境遇を聞かされているモンテの黒人はたいそう彼らに同情を寄せていた。そこでルウボロスは奴隷解放を歌にして社会に訴え、モンテの市民感情と一致したから、この楽団の評判が高まったのであった。ロス・ルウボロスのブームは一九〇〇年代の初めまで続いた。

モンテにルウボロスが現われた頃、ブエノスでは前述のロス・ネグロス等、黒白混成グループが全盛であったが、ルウボロスが現われたことがブエノスに伝わると、少し遅れた一八七六年、白人青少年の楽団が出現している。ただモンテに比べると昔ながらの古くさいカンドンベ形式であった。

ラプラタ地方のカンドンベの最盛期は一八五五〜一八七五年で、即位式としてのカンドンベはルウボロス式のタンゴに代わり、やがてこれも廃れた。九〇年以後は踊りだけを残して消えさり、その名残りを中南米各地のカーニバルの踊りとして留めている。ブラジルのサンバ、キューバのマンボ、また最近ヨーロッパを中心に流行が始まったランバダの踊りもカンドンベ形式と言って支障はない。

ヨーロッパと新大陸を行き来した舞曲

ベニスの踊りがアンチル諸島へ

アルゼンチンのタンゴ歴史家ホセ・ゴベージョは、タンゴという言葉はアフリカ黒人奴隷売買に関係した国を循環したと記述している。

十八世紀初頭、イベリア半島と新大陸間の通商は、南スペインの港町カディスを通じて行なわれた。カディスの船員は、イベリア地方に古くから伝わる民謡その他の音楽を新大陸に紹介した。その結果、自然に半島のメロディとアフリカの影響を受けた新大陸のメロディとの間に文化交流が生じる。

カディス人が新大陸に紹介した音楽の一つにフロットーラがあった。

イタリア・ベニスのフロットーラ(フルラーナとも言う)は軽快な2拍子の舞曲として十五世紀頃には既に知られていた。この踊りはイベリア半島に伝わり、次々と新しい形式のスペイン化されたフロットーラを生み出す。その一つは、スペイン貴族の間で流行した結果、宮廷のパーティにも採用された。この踊りがカディス人により新大陸に紹介され、上流階級の白人移民のカントリーダンスとなった。フロットーラは、アンチル諸島にも伝わり、その他の黒人奴隷が自分達の踊りに作り変えてしまった。この踊りはラ・ダンサと呼ばれた。

このフロットーラの血を引く「植民地の2拍子」ラ・ダンサは再びカディスに伝わって来た。カディス人はこの音楽にタンゴ、又はタンギージョと名を付けたが、このタンゴをカナリア群島(当時のアフリカ・ヨーロッパ貿易の中継点だったのだろうか?)の音楽と思う人も多かった。

ヨーロッパのタンゴ・アンダルース

ラ・ダンサはカンドンベと同様に黒人の踊りではあるが、スペインからフランスのパリに紹介され、サロンで男女のコンビのダンスに作り変えられた。その結果、騒々しい性質が消え失せ、官能的な踊りに変わった。

フランス風のラ・ダンサは、一八五〇年頃ラプラタ地方に持ち込まれ、モンテのオリジエーロの好む踊りとなった。男女がかるく抱き合い、押したり押されたりすることでお互いの官能を刺激したのである。また、一八三六年頃のアンチル諸島では、上流階級の白人から場末の黒人に到るまで、この踊りが大流行したと記録にある。

カディスに戻って来たラ・ダンサは、最初のうちはタンゴと呼ばれていたが、やがてキューバの港町ハバナの名前に由来したハバネラ(スペイン語ではアバネラ)と名付けられた。その結果、キューバのハバナは世界的に有名になるのである。しかしヨーロッパ人は、パナマ、ベネズエラ、アルゼンチン、ウルグワイ等のスペイン植民地のリズムとラ・ダンサの区別が出来ないまま、これらの音楽がすべてハバネラだと思ってしまった。

一八〇〇年代後半から一九一〇年の間に、フランスとスペインでは、「植民地の2拍子」、アンチル諸島のリズム形式を使った芸術性の高い音楽が次々と作られた。その代表として、ビゼーは歌劇カルメンでバスク地方の民謡にこのリズム形式を使用し、ハバネラと名付けた。アルベニスはピアノ曲タンゴを作曲したが、リズムはビゼーと同じ形式のハバネラであった。

こうしてハバネラはヨーロッパの人達の間で高尚な音楽として劇場やサロンで演奏され、ヨーロッパ生まれの音楽としての名声を得るようになった。同時にこれらのハバネラはタンゴ・アンダルース

(アンダルシアのタンゴ)とも呼ばれた。

一八五二年頃、ラプラタ地方の劇場で歌と踊りが上演され、その中にタンゴと名が出て来るが、このタンゴはジプシーの踊りであると記録に残っている。もちろんこのタンゴは、タンゴ・アンダルース、またはハバネラを意味している。おそらく、タンゴ・アンダルースはフラメンコの影響を受けていたものと思われる。ラプラタ地方に紹介されたハバネラは、純粋なヨーロッパ生まれの高尚な音楽として、劇場やサロンで演奏され、上流社会の白人の間で流行した。カルロス・ベガによるとハバネラが最も盛んであったのは一八五五年から七五年の二十年間である。

タンゴの言葉はアフリカ、新大陸、ヨーロッパに伝わり、再び新大陸に渡った。ゴベージョのとなえるタンゴの言葉の循環である。ハバネラはラプラタ地方のオリジエーロの間にも広がり、彼らの踊りと音楽に大きな影響を及ぼすのである。

ここで大切なことは、新大陸の人にとってクリオージョという意味の重要さである。ラプラタ地方の人はタンゴ・アンダルース(ハバネラ)と現在のタンゴをはっきりと区別している。同じ事は、カンドンベにも言える。タンゴと名の付いた黒人居住区で始まった黒人一世のカンドンベはあまり評価されていないが、クリオージョの楽団ラサ・アフリカーナのタンゴには拍手を送っている。

アメリカ大陸では、そこで生まれたいろいろな出来事、言い換えればクリオージョの性質が尊重されるのであり、この話もタンゴ・クリオージョの誕生を求めて進めているわけである。

パジャーダーのグワヒーラ

ラプラタ地方の住民の間には、十八世紀頃にはすでにアンダルシア地方の風俗、習慣が広まっていた。音楽もその例外ではなかった。

スペインには十二世紀の頃より主として3拍子のリズムの民謡(コプラ)が数多くあった。アンダルシアの民謡、ペテネーラ、リビアーナ、ラマンチャの民謡のセギリージャ、レオン地方のビジャネスカ等は、それぞれのリズムが良く似ていた。これらのスペイン民謡はカディス人により新大陸各地に持ち込まれ、その地で、もとの民謡の流れを汲んで、多くの即興詩と踊りを生み出していた。なかでも、キューバで生まれたものはグワヒーラ・クバーナ(キューバのグワヒーラ)と名付けられた。その舞曲はカディスを経て再びアンダルシア地方に持ち込まれ、グワヒーラ・フラメンカ(フラメンコ風のグワヒーラ)と呼ばれた。グワヒーラは8分の6拍子と4分の3拍子が交互に混った複雑なリズムを持っていた。

ラプラタ地方にもイベリア半島の民謡が伝わっていた。グワヒーラ・クバーナはキューバからの直接コースと、ヨーロッパ経由の両方で広まった。この地方では即興詩をパジャーダー、ギターに合わせて歌い歩く放浪の詩人をパジャドールといった。アルゼンチンの田舎のバジャドールはガウチョ(現在のカーボーイのガウチョとは別)である。

モンテやブエノスのパジャドールの主役は黒人である。アルゼンチンの首都でブエノス・アイレス国際空港の別名は「エセイサ空港」であるが、この名は有名な黒人パジャドール、ガビーノ・エセイサ(一八五八—一九一六)に由来している。

またアルゼンチンのフォルクローレとしてはサンバ[*4]が有名であるが、このリズムは8分の6拍子でグワヒーラの血を引いている。このサンバはペルー、チリを経て北アルゼンチンに広まったが、最初に踊ったのは、黒人とインディオの混血児でサンボと呼ばれた人達であった。サンバはその女性の名に由来している。フォルクローレの世界でも踊りと黒人との間には密接な関係があった。

4　*Zamba*

さてグワヒーラは、ハバネラと共にこれから述べるミロンガを完成させるのである。

黒人の唄と踊り「ミロンガ[*5]」

ブラジルの黒人奴隷の言葉

ミロンガという言葉の由来としてヨーロッパ発生説をとったのはウィルケスである。彼の説は、現在では一般に誤りであるとされているが、音楽としてのミロンガの発生の道すじを考える際には興味深いものがあるのでここに紹介しておこう。「ミロンガは、メロス・ロンガ[*6]、メロディア・ラルガ[*7]なる何れも長いメロディを意味する言葉が縮んで作られた単語である。ラプラタ地方のパジャドール歌合戦は、長い時間歌い続けた方が勝になるので、各パジャドールが、先のグワヒーラを生んだスペインの古い3拍子の民謡をそれに利用するのが最初の頃、彼らの目的にもっともかなった方法であった。それを使った歌がミロンガと呼ばれるようになった」。

この説に対してロベルト・セージェスは次の点で反論している。

一八六〇年頃スペインのマラガ地方のジプシーが考案した軽快なメロディにメロロンガ[*8]なるものがあった。このメロロンガからミロンガの言葉が派生したともウィルケスは言っているが、このメロロンガがラプラタ地方に伝わって来たのは一八八〇～九〇年の間で、しかもブエノス・アイレスの円形劇場で短時日の公演で終わっている。

ラプラタ地方では一八六〇年には大勢のミロンガの歌手が既に現われていたのに加えて、七〇年までの間にミロンガの踊りがすっかり定着している。さらに、ガウチョ文学者ホセ・エルナンデスは一

5　*milonga*
6　*melos-longa*
7　*melodia-larga*
8　*melolonga*

八七二年、叙事詩「マルテン・フイエロ」を世に出しているが、その中にミロンガの言葉が登場する。このことから、一八七〇年以前にミロンガの言葉が存在していたのは間違いのない事実である。従ってウィルケスのとなえる長いメロディ説はミロンガの音楽としての源を求める点に関しては的を射ているが、言葉の発生としては妥当性を欠いている。

以上の理由は同時にミロンガの言葉はヨーロッパから発生したのではなく、別に起源のあることを考えさせる。

ウルグワイのタンゴ史家、ビセンテ・ロシイは、ミロンガはアフリカから黒人奴隷と共に新大陸に来た言葉であるとの説をとり、現在ではそれが通説となっている。

アフリカのカメルーン、アンゴラから最多数の黒人奴隷がブラジルに輸入された。黒人奴隷は昔の故郷の言葉を思い起こし、彼らだけに通用する言葉を作った。この言葉をブンダ[*9]と言った。

ブンダ語の一つにムーロンガ[*10]があった。この複数形がミロンガで、「言葉」、「おしゃべり」、「質問」等の意味で使われていた。ブラジルではふつう大さわぎや、ドンチャン騒ぎなどの代名詞として使われた。ラプラタ地方にはブラジルから輸入された黒人奴隷と共にこのミロンガの言葉が入って来た。

モンテビデオの若者は、形式の古いカンドンベを歌う合い間に「サンバ・ムーレンガ・サンバ[*11]」と黒人が使う言葉の真似をして叫んだ。この意味は「シーガ・ラ・フイエスタ・シーガ[*12]」（お祭りを続けよう）であるが、若者は「ダーレ・モレーナ・ダーレ[*13]」という男女のはやしことばの意味に使用していたらしい。

9　*bunda*
10　*mulonga*
11　*Samba, mulenga, samba.*
12　*Siga la fiesta siga.*
13　*Dále morena dále.*

チーナの部屋で生まれたミロンガ

一八〇〇年代のラプラタ地方の軍隊では、下級兵士の楽しみは、黒人兵と同様、近くのプルペリア[*14]（食品店兼雑貨屋）で、ジンとかラム酒等の安酒を飲みながら、ギターをかき鳴らし、トランプに打ち興じる位の事であった。

しかし下級兵士は常に金があるわけではないので、休日になると近くのチーナの家に行き、彼女らにマテ茶を注がせ、ギターを弾きながら自作の詩を歌って一日を過した。こうした兵士の集まりがだんだん盛んになると一般黒人も加わるようになった。やがて、連中は安酒を持参して、酔っぱらってチーナと踊り、特に別嬪のチーナの居る家はいつも男共で一杯になった。ギターとチーナとパジャーダーの組合せという、ラプラタ地方の黒人娯楽の典型がチーナの部屋で演出された。

ウルグワイではこの「ギター・チーナ・パジャーダー」の集りをミロンガ、歌ったり踊ったりすることをミロンゲアール[*15]と呼ぶようになった。

カンドンベは野外の踊りである。従って南米のクリスマス、新年の夏の間は野外で騒々しく踊るのには好都合であったが、冬になるとどうしても家の中の踊りが好まれるようになった。ラプラタ地方では十九世紀中頃には奴隷制度がなくなったので、黒人達は一年を通じて誰にも気兼ねすることなく、彼等の踊りを楽しむことが出来るようになった。

チーナの部屋では、ネグロ・クリオージョが好きなチーナの前でパジャーダーしながら痛飲し、大いに騒いだ。その結果、パジャーダーとミロンガは同じ意味の言葉に変わってしまったのである。

ミロンガのさわぎが、どこかのチーナの部屋から聞こえて来ると、オリジエーロ達は、ひと踊りしようとして集まって来た。ギター、ドラムが伴奏に使われ、ずっと後になるとピアノも登場した。こ

14　*pulperia*
15　*milonguear*

うして黒人楽団が誕生し、ワルツ、マズルカ、ポルカ等のヨーロッパの曲が演奏された。

黒人の歌うミロンガは、彼らの心の底から湧き上ってきたインスピレーションをそのまま言葉にしたアドリブの即興詩であり、踊りはカンドンベの血を引いているが、やはりアドリブであった。楽団の方も楽譜が読めるわけではなく、外国人(グリンゴ)から聞いて覚えたものを、黒人特有の音楽的才能を生かしてアドリブ的に演奏を行なった。やがてミロンゲアール(踊ること)のために弾くようになると、踊りに合わせて、演奏方法も変化し、クリオージョの曲になっていった。

踊りも集団で踊ったカンドンベ形式から一対の男女が抱き合う方法に変わっていく。フランス風のラ・ダンサの踊りが取り入れられたのである。しかし、白人家庭のパーティで用いられたパリの踊りは、男女が身体をくっつけて抱き合わないし、男性は踊りながら後に退ってホールを踊り回る形式であった。オリジエーロのミロンガは、男女がピッタリ抱き合って踊り、女性が後に退った。やっと現代のタンゴの踊りの片鱗が見られるようになった。

チーナの部屋は黒人兵の減少とともに独立した場所となり、女、酒、音楽、踊りと揃えば、世界共通の女性の職業が登場して来ても不思議ではない。初期のタンゴ「ケコ」、「ダメ・ラ・ラータ」等の名曲はすべて売春を想像させる言葉である。だからといってタンゴだけが淫乱な場所から生まれたと主張するのは正しくない。人が集まる場所における共通の現象である。しかし、タンゴの起源に踏み込んだ場合、黒人女性の存在を無視することは出来ない。少くともチーナの部屋は、この地で生まれた若いクリオージャ(黒人娘)による売春が最初に行なわれた場所なのである。この件については、後程もう少し詳しく説明することにする。

二つのハバネラ

港町といわれる場所には船乗り相手の酒場やキャバレーがあるもので、モンテやブエノスもその例にもれず、港に近い下町にはこれらの店が多かった。ここには船乗りを相手に商売をする（と言っても主として売春だが）女性が集まり、白人系の者も多かった。ラプラタ地方の開発が進むにつれ、キューバのハバナ港とモンテ・ブエノス間の貿易が盛んとなり、この二つの港には何時もキューバの黒人船員の姿が見られた。キューバの黒人はモンテに着くと、早速港に近い酒場に行き、女性相手に一杯やりながらラ・ダンサを踊って見せた。こうしてアンチルのラ・ダンサはキューバのマリネーロ（船員）と女性達によってラプラタ地方に広められた。

オリジエーロは最初、キューバの黒人の踊るラ・ダンサが非常に動きが速く、身のこなしが柔かで、変化に富んでいるのを見て驚いた。というのも前述した様に、モンテではそれまで、パリから入ったゆっくりした踊りのラ・ダンサを踊っていた。フランス風のラ・ダンサは官能的ではあったが、オリジエーロにとっては、少し物足りなかったので、この踊りを自分達流の形に変える必要があった。そこでキューバの黒人船員が踊って見せたラ・ダンサを、オリジエーロはたちまち自分達のものにしてしまった。

オリジエーロはこのラ・ダンサをダンサ・クバーナ（キューバ風のダンサ）、または、ハバネラと呼んだ。ハバナはキューバを代表する港町であるからハバネラと名付けたのである。奇しくもカディスの人達がラ・ダンサにハバネラと命名したのと同じ結果となってしまった。

こうして、ヨーロッパ生まれと、ラプラタ地方のオリジエーロによって呼ばれた二つのハバネラが存在したことになる。ミロンガが別名、「貧乏人のハバネラ」と言われるのはこのためである。

リズムの変化

ラプラタ地方の歌とリズムには、グワヒーラが応用された。従って初期のパジャドール、ミロンゲアールは、グワヒーラ風のリズムを使用していた。アンドレス・チナーロはアルゼンチンの草原や、南部地方のミロンガはグワヒーラと同じリズムと歌い方であることに注目している。

古いグワヒーラは図1に示すリズム形式であったが、チーナの部屋でミロンゲアールが盛んになり、新しいパジャーダーと踊りが次々と生まれると、場末のギター弾きの腕ではグワヒーラのリズムを弾きこなせないので、図2のようなたいそう簡単な演奏形式が生まれ、それもすぐ図3の2拍子に変化した。しかもこの新しい2拍子は、オリジエーロ好みのハバネラのリズムに影響されて図4の形式のリズムに変わった。

8分の6拍子から4分の2拍子に変わった時期は(図3のリズム)、一八七〇年から一八八〇年の十年間と、ロベルト・セージェスは記している。

ラプラタ地方のミロンガは次の過程で、オリジエーロの間に広まったと考えられる。

一八五〇年頃　ミロンガの兆しが少しずつ現われて来た。
一八六〇年頃　ミロンガ・パジャドールが出現。
一八六〇〜七〇年　ミロンガのダンサーが出現(ミロンゲアールの全盛期)。
一八七〇〜八〇年　リズムが4分の2拍子に変化。

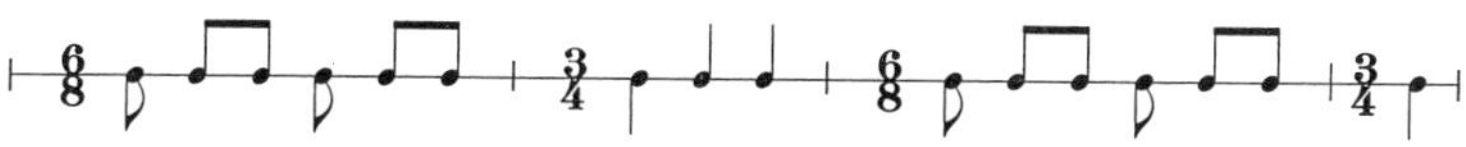
図1

図2

図3

図4

現在伝わっているタンゴ、またはミロンガとして最も古い部類に入る「アンダンテ・ア・ラ・レコレータ」、「セニョーラ・カセーラ」等の発表された年が記録によると一八八〇年である。4分の2拍子にリズムが変化した事実は重要な出来事であった。

図1~図4の変化を楽譜で表現したのが楽譜(1)及び(2)、(3)である。

楽譜(1)は、ミロンガ「タキート・ミリタール」を私がグワヒーラの形式に作り変えたものであるが弾きにくい曲になっている。典型的なミロンガは古いグワヒーラの血統を受け継いで高音部からメロディが下降してくる形式をとっている。楽譜(2)は一八八三年のミロンガでも図3、図4の形式が共存している例であり、楽譜(3)も一八八〇~九〇年の間に作られた曲で、同じく二つの形式のリズムが一つの小節内で共存している。

ハバネラのリズムは楽団の演奏にも影響を及ぼした。ピアノが使用されるようになると、ギターのリズムはハバネラに変り、更にギターは、4分の2拍子の新しいリズムを次々と考案して弾くものだから、ピアノと他の楽器は、リズムを強調するためにハバネラの調子を繰り返さねばならなかった。

グワヒーラからミロンガへのリズムの変化は3拍子から2拍子への変化であった。オリジエーロの楽団は、ワルツ、マズルカ等の3拍子の曲をミロンガに変えていった。ワルツの踊りは一対の男女がくるくる廻ってお互いの官能を高めるのに適していたので、ラ・ダンサと共にオリジエーロに好まれた。

一八五〇年代のペルーのリマではウィーンのワルツが盛んに演奏され、やがてペルーではヨーロッパ音楽をペルー化したワルツが作曲されるようになった。ラプラタ地方でもこの流れを受けて沢山のワルツが作られているが、ワルツからもタンゴが誕生した。有名なタンゴ「アルゼンチンのアパッシュ」[*16]

16 *El Apache Argentino*

楽譜（1）

楽譜（2）

楽譜（3）

図5

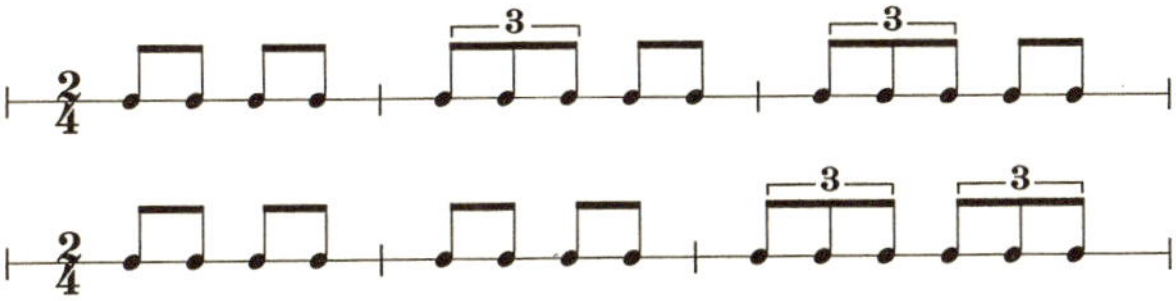

図6

はワルツが原曲であった。また、有名なワルツ「ダニューブ河のさざなみ」の前半でへ長調に変わった箇所のメロディがタンゴ「エル・チョクロ」の第二主題のメロディと似ているのも偶然の出来事なのだろうか。図5は、ビセンテ・ロシイによると、カンドンベのリズムの特徴として間欠的に奏される三連音符で、この形式はブラジルのサンバにもしばしば登場して来る。

図6はカルロス・ベガの主張するハバネラとカンドンベの三連音符が合体したリズムである。このリズムについては後で述べる。

以上のようにミロンガは結果として新しいリズムを作り出した。

ミロンガが3拍子から2拍子に変わったのはオリジエーロのギターや歌が下手な事が原因であった。彼らが音譜を読めないのは既述した通りであったが、たとえ読めたとしても、グワヒーラを充分にこなすだけの歌唱力を持ち合わせていなかった。下手だったからこそ2拍子のミロンガが誕生し、今日のタンゴという芸術的な音楽を生む下地を作った。3拍子のグワヒーラの流れを受け継ぐことの出来た人達が残した音楽は中南米の3拍子のフォルクローレであり、その代表がアルゼンチンのサンバであると思われる。タンゴとフォルクローレのどちらが優れているかは、各人の好みの問題で、ここでは触れないが、世界的に有名になったのはタンゴの方である。オリジエーロがグワヒーラのリズムや歌を完全に消化出来たならタンゴは生まれなかったかも知れない。

しかし、アルゼンチン等のフォルクローレのグループが弾くギターは、タンゴと共通している点が多い。両者は途中までは同じ歴史の道を歩んで来たからであろうか。あるいは、スペイン領アメリカで育った叙情詩(リリカ)[*17]や踊りに、相通じる何物かが潜んでいるのかも知れない。

初期のミロンガはグワヒーラと同様、長調で作曲されたが、ずっと後になると短調のものが現われ

17　*lírica*

て来る。アルゼンチンのフォルクローレには短調の曲が多い。短調のミロンガが現われる頃には黒人の人口が減って行く。

黒人の多いブラジルのサンバ、北米のジャズは長調で陽気な曲が多いのにアルゼンチンタンゴでは短調のものが多い。この原因は黒人が居なくなったことに関係があるのかも知れない。

モンテビデオのラ・アカデミア

「コム・イル・フォー」[*18]（うまくやれよ）

モンテビデオでミロンガが盛んになるとオリジエーロの街々に公衆のダンスサロンが新しく誕生して来た。この場所は別名ラ・アカデミアと呼ばれるようになった。ラ・アカデミアとはプラトンのアカデミー学派に端を発した学会、学校等を意味する言葉だが、この場合のラ・アカデミアは踊りの場所である。売春婦も居ないわけではなかったが、彼女らはいわばお添え者で、ここに集る連中のほんとうの目的は踊りであった。人々は踊りに意欲と情熱を燃やし、ラ・アカデミアこそミロンガを広めた所であり、現在のタンゴの基盤となる音楽と踊りを作り出した場所ともいえる。

また、アカデミア風に行なうという事は、街の連中にとっては、上手に物事を運ぶという意味であり、タンゴの名曲「コム・イル・フォー」はそのことを表わした曲である。

ラ・アカデミアは、独特な秩序を持った踊り場であった。ラ・アカデミアがモンテに出現したのは一八七〇年頃であったが、起源はもっと古い。初期のチーナの部屋と関連がある。モンテの軍隊には黒人女性が居た事を述べたがトマス・オリベルの次のような記録はその事実を裏付けている。

18　*Comme il faut*

モンテにシスタ[*19]と名乗る一人のモレナ(黒人女)が居た。一八五二年二月三日アルゼンチンのウルキサ将軍はブエノス・アイレス州の知事でアルゼンチン全土に恐怖政治を行った州の暴君ローサスをブエノス南にあるカセーロスにおいて打倒した。ローサスは英国に亡命し、ウルキサは初代大統領に就任した。有名なカセーロスの戦いである。モレナ・シスタはウルキサ軍の兵士としてこの戦に参加し、数々の戦功をたてた勇士であった。

モレナ・シスタは、モンテ市外に一軒の家を建てた。やがてその家は、シスタを中心にカセーロスの勇士達が集まる場所となった。

この家をモンテの人はモレナ・シスタのラ・アカデミアといつしか呼ぶようになった。男女の区別なく勇士ばかりの集まりであるから、騒動は付きものであったが、彼女は有無を言わせない力こそが規律を持続する方法であることを知っていた。勇士とはいえほとんどは黒人であり、当時の警察は黒人の集り、特に騒動には目を光らしていた。シスタはちょっとでも警察の厄介になることを好まず、酒が入ったりして、喧嘩が起こり騒ぎが大きくなると戦場で分捕った銃や銃剣を容赦なく使って騒動を治めた。こうしてシスタのラ・アカデミアは警察の力を借りずに何事も上手に解決してしまった。これがラ・アカデミアの名の起源である。

ラ・アカデミアの内部

モンテの公衆ダンスサロンは前述したように黒人街に多く作られたが、その中でソリス・イ・グロリアとサン・フェリッペの二つが多くの客を集めた。サン・フェリッペの楽団は上手で新しいミロンガを作ったので、ここに「アカデミア・デ・バイレ」、踊りのアカデミアと名が付いた。やがて他のダ

19 *Sixta*

ンスサロンもふつうにラ・アカデミアと呼ばれるようになった。

ラ・アカデミアのサロンは天井に万国旗を飾り、石油ランプが灯され、壁に沿って椅子が並び、ダンスのお相手をする女性が坐って順番を待っていた。加えて安酒が売られ、あやつり人形芝居や、簡単なショーを見せる舞台を持つ、当時としては夢の様な歓楽場の出現であった。というのも、その頃の一般家庭には石油ランプは未だ普及しておらず、手作りの豚や牛の脂から作った臭いローソクが使用されていた。チーナの部屋にしても狭く、うす暗かったので、そこでミロンガを踊っていた連中はラ・アカデミアに移って来たわけである。

コルテとケブラーダ

ミロンガの踊りが盛んになり、ダンサ・クバーナがその踊りに取り入れられた頃、新しい形式の踊りが考案された。コルテとケブラーダである。

ケブラーダの語源は踊りの流れを折るという意味を持つスペイン語のケブラール[20]である。スムースに踊っていた男女が急に向きを変えたり、一瞬停止したりして、曲や踊りを折るように感じられたところからその名が生じた。

コルテはスペイン語の動詞コルタール[21]に由来した名前の踊りである。踊りながら足をすばやく交差する(相手の足とではない)動作が、踊りの行進をコルタ(切る)ように見えたところからこの名が付いた。この形式は後になってタンゴに受け継がれた。

本書に述べて来た話は、アルゼンチンの日系紙『亜国日報』に一九六〇年七月から翌年三月まで連載された田中千信氏による記事を中心に、他の文献、資料並びに著者の体験に基づいて記したもので

20 *quebrar*
21 *cortar*

ある。田中氏の著作『ラ・プラタの黒人とタンゴ』はウルグワイのタンゴ研究家ビセンテ・ロシイによる『コサス・デ・ネグロ』[*22](黒人達のもの)を参考にして書かれている。一方アルゼンチンの歴史家の中には、違った見方をする人も居る。ミロンガの踊りの起源とその変化に関連した分野において、特に見解の相異が見られる。

ロシイはミロンガはオリジエーロによってチーナの部屋ではじめて踊られ、コルテ・ケブラーダもここで作り出されたという見解をとっている。すなわち、カンドンベでは男女が離れて踊っていたが、フランス風のラ・ダンサの踊りの導入によって、抱き合うようになり、ダンサ・クバーナが紹介され、オリジエーロの中には踊りの上手な所を仲間に披露して自慢しようとして、いろいろとアクロバット的なテクニックを考え出した者がいた。その結果生まれたのがコルテとケブラーダというわけである。

異説・ひやかしの踊りミロンガ

これに対してベントウラ・リンチをはじめとする一部のアルゼンチン歴史家はミロンガの踊りがオリジエーロによって始められたことを否定している。

リンチは、ミロンガの踊りはコンパドリート(場末の町の若い伊達男、よたもの)によってはじめられたと記述している。すなわち、歌のミロンガを踊りのミロンガに変化させたのはコンパドリートである。そのきっかけはカンドンベの踊りをからかいながら真似をしたことにはじまった。

オリジエーロの真似をして白人の青少年もカンドンベを踊ったことは既述した通りであるが、一つの問題が生じて来た。カンドンベは基本的には宗教色の濃い黒人の踊りなので、白人にとってはその核心に触れるには限界があった。カンドンベは白人にとってはエキゾチックで、身近なものではなく

22　*Cosas de Negros*

グリンゴ(外国人)のお祭りとして映った。しかし、アフリカの粗野な踊りは彼らの心をすっかり捕えてしまった。

黒人はどんなに愛国者であっても、ガウチョの精神に満ちていても、誰よりも気位が高くても、コンパドリートにとっては無縁の存在であった。上流社会の白人青少年は黒人と共に成長して、ネグロ・クリオージョに好意を持っていた。しかしコンパドリートは必ずしもそうではなかったし、良家の白人と言えども肌の色の差が微妙な心理を生んでも決して不思議はない。

コンパドリートは、モレナ(黒人女性)と思いきり踊ってみたかったが、黒人のカンドンベの傍観者でいる場合が多かった。

その結果、コンパドリートはカンドンベの真似をして、面白おかしくからかった踊りを考え出した。それがミロンガであり、コルテとケブラーダもカンドンベのスタイルから取り入れられた踊りだと記述している。

これに対して、同じアルゼンチンのタンゴ史家ロベルト・セージェスは、リンチが彼の説を発表した一八八三年当時では、彼の主張は当然であったが、現在では正確ではないと述べている。ミロンガがグワヒーラの流れを汲み、ハバネラのリズムの影響を受けた音楽であることはセージェスをはじめとする大部分のタンゴ史家の見解によるものであり、私もミロンガを演奏する立場から賛成である。一方、レオン・ベナロスはリンチの説を支持している。

ロシイとリンチはウルグワイとアルゼンチンを代表するタンゴの偉大な歴史家であり、私は両者ともに真実を語っていると思っている。たかが百年位前の出来事に根本的な相異点があるとすれば、モンテビデオとブエノス・アイレスにおけるタンゴ発祥の歴史が問題になって来る。モンテは常に黒人が主人公であるが、ブエノスでは白人系の人々が歴史の場面に登場し、しかも出来事は常にモンテからブエノスに移っている。

モンテで起ったタンゴに関する事件は対岸のブエノスに少し遅れて伝わり、その結果、違った現象が生じたり、また少しずつ改良されてより洗練されて行ったのが真相ではないかと考えている。

ミロンガに関して言えば、一部不健全な場所を除いて、人々はその踊りの技術の向上を目指して、モンテの人も、ブエノスの人も共に真剣に取り組んだのであった。

コルテとケブラーダ、地方に広がる

再びコルテとケブラーダに話を戻すことにしよう。

黒人は踊りに様々な変化をつけるのに適した柔らかい体を持っていて、コルテとケブラーダは彼らの特徴をもっとも生かした形式の踊りである。上手な一対が踊っていると、周囲が踊りを止めて「ケ・コルテ」[*23]と掛声をかけて拍手した。このケ・コルテは「上手な所を一つ見せて下さい」といった意味になった。その結果、ミロンガは別名をバイレ・コン・コルテ（コルテを伴った踊り）ともいった。

バイレ・コン・コルテは、各々の踊り手が、自己の開発した高度な技術を他人に自慢するためにはじめた踊りの一動作が、次々に真似をされて一つの踊りとなったものである。

バイレ・コン・コルテは白人社会にも広がって行く。しかし、オリジエーロ式ではなく、ラ・ダンサを上手に踊る場合にこの名が付けられた。モンテからブエノスへ、更に北へ上って、コリエンテス、エントレ・リオスにまで広がった。

23　*Que Corte*

ラ・アカデミアのミロンガ

歌のミロンガから踊りのミロンガへ

バイレ・コン・コルテが盛んになりはじめた頃、ラ・アカデミアの楽団は例外なく数名のネグロ・クリオージョで編成され、管楽器、打楽器、ギター等を使って演奏した。ミロンゲーロの大さわぎの伴奏だから大きな音が出る楽器を必要としたからである。アコーディオンは既に使用されていたが、広いラ・アカデミアでは役に立たないので、チーナの部屋、小家族のパーティ等、狭い場所での踊りの伴奏として用いられた。

踊りの伴奏曲は、既に2拍子に変化しているミロンガを中心に、白人社会のワルツ、ポルカ、マズルカ、チョテイス、パソ・ドブレ、クワドリージャ等であった。

ここで歌としてのミロンガが踊りのミロンガに変化するのである。その様子を再現するとすれば次のようになる。

オリジエーロはチーナの部屋や自分達の住む下町で、通称「黒人の楽団」と言われるギター、マンドリン、アルパ、バイオリンでミロンガを歌っていた。彼らは新しい曲を作ると、ラ・アカデミアに出かけて歌って見せた。ラ・アカデミアの楽団は早速それを取り入れて、少し手直しをして新作として発表する。黒人同志、しかも音楽的才能に秀でている連中だから次々と良いミロンガが生まれ、作曲者は自分の名がラ・アカデミアに出たことで満足する。その音楽を聞いて、これもまた踊りの天才オリジエーロが新しい踊りのミロンガを考案することになる。演奏は全て、楽譜なしのアドリブであった。

こうして「歌のミロンガ」はラ・アカデミアで次々と「踊りのミロンガ」に変わって行く。次に、弾き難いグワヒーラのリズムのミロンガは2拍子に変化し、続いてワルツ等のヨーロッパ系の音楽もハバネラの影響でネグロ・クリオージョのミロンガに(クリオージョ化)された。

パソ・ドブレとクワドリージャといった曲は原形のままでも人気があった。その理由はバイレ・コン・コルテの技術を披露するのにもっとも適した踊りであったからである。クワドリージャはアンチル諸島のラ・ダンサの一種で、フランスで完成された音楽となり、ラプラタ地方に入ってクワドリージャと呼ばれた舞曲である。

音楽が踊りを変化させ、踊りが新しいリズムとメロディを生んだのであった。こうしてラ・アカデミアでミロンガは舞曲として成長していった。

ラ・アカデミアの女性たち

ラ・アカデミアは踊りの場所である。オリジエーロのカンドンベは男女が離れた踊りであった。ラ・ダンサでは軽く抱き合う位の踊りが、コルテとケブラーダの出現で「離れた一対」が「抱き合う一対」に変化する。そうなると、男性のパートナーになる女性が羞恥心を持つのは当然だから、上流社会に属する白人がミロンガを踊らなかったのも理解できる。ラ・アカデミアで働く事は女性にとっては一つの賤業につくことであった。彼女らの中には踊り以外の目的で働く者もいたから、ダンサーだけを職業とする女性ほど踊りの技術の向上に身も心も打ち込んだ。踊りが上手であることだけが彼女らのプライドであったし、実際、踊りの好きな人がラ・アカデミアに集まった。

ラ・アカデミアで働く女性にはクリオージャ・ブランカ(二世の白人女性)も混じっていたし、年増が多く、美人ではなかったが、踊りだけはすごい腕前であった。

モンテのサン・フェリッペは一八九九年まで営業を続けたラ・アカデミアの名門であったが、そこで働く女性を例にとることにしよう。

当時、女性のスカートは地を引きずる長い、巾の広いものであったが、サン・フェリッペで働く女性は体にぴったり合った短かいスカートを常用した。ミニスカートの元祖といえよう。理由は長いスカートではコルテやケブラーダなどのテンポの速い特別の技術を必要とする踊りをこなせなかったからである。現在のブエノスのタンゴショウで踊る女性パートナーのスカートが短かいのもここに端を発している。

サン・フェリッペはいかがわしい女性が全く居ない、本物のラ・アカデミアなので、踊りだけを目的に大勢の人が集まって来る。ここで働く女性は白人、黒人、混血といろいろいたが、美人は居なかった。いや美人であっても顔がくずれるのである。

彼女らは夕方、石油ランプに灯のともる頃から、翌朝東の空が明るくなるまでぶっ通しでオリジエーロの相手をした。お客が支払う一曲いくらかの僅かなお金を、店の主人との歩合で受取るのが日々の収入であった。貧しい彼女らはそのため休みなく踊り続けなければならなかった。街のオリジエーロは毎日の様に自作の詩と歌を持ち込んで来るので、ほとんど毎晩、新しい曲が演奏され、その度にリズムが変る。新曲が出ると、仲間をアッと言わせようと待ち構えていたオリジエーロが、全く考えてもいなかった動きの踊りをするため、片時も油断の出来ない緊張の連続である。しかしこういった連中を相手に、最後まで失敗せずに上手に踊り通せば、「うまくやった」とアカデミアの客全員から拍手喝采を浴びるが、しくじると客が減り、それが続くとぜんぜん売れなくなり、最悪の場合には、下等な店で身を売るまでに落ちぶれてしまう。

というわけで一晩中、神経を尖らせ、短かい合間にタバコをふかし、酒を飲んで心を静めた。こうした生活のため美人は居なかったが、サン・フェリッペの女性は踊りがうまいとの評判は高まる一方であった。楽団も上手で、バンドマスターのロレンソはアドリブで作曲、編曲をする名人として有名な存在であったため、今までのと違った形式の新曲を次々と演奏した。

以上のような理由で、サン・フェリッペは美人の居ないラ・アカデミアとして最後まで生き残ったのである。

いくらラ・アカデミアと学門的な名を付けられていても、女性の働く場所としては最低に近く、このランク付は白人女性でも変わりはなかった。一般家庭の婦女子は、ラ・アカデミアの女性とは口をきかないようにした。女同志の口喧嘩で「アカデミア」と相手にあびせるのは最大の侮辱であった。

チークダンスのはじまり

カンドンベの踊りや白人のダンスは一対の男女が離れていて、時々手を触れたり、僅かに体が触れる程度のもので、パレハ・スエルタ[24]と言われ、これに対して、ラ・アカデミアの場合は身体を密着させて踊ったので、パレハ・エンラサーダ[25]と称した。

ラ・アカデミアの踊りも進歩し、時代を過ぎるに従って、女性もクリオージョ・ブランカが多くなった。コルテやケブラーダを行う踊りも変化して来た。男女の一対がミロンガを踊る時、男性は右の手を女性の背中から腰の尾骶骨の位置に当て、左手は女性の右手を持って自分の左手にのせ、女性は左手を相手の男性の右肩にのせ、足はほとんど絡みあっているように見えるほど交叉し、まるで一つ

24　*pareja suelta*
25　*pareja enlazada*

の身体のように抱き合っていた。

実際の所、こうしないと上手にコルテやケブラーダ等は踊れなかった。いろいろとリズムが変化するミロンガの曲に合わせて、あるいは軽く、時には滑るように、またターンするときには、ほとんど身体を斜にしながらクルリと廻るという奇抜な、そして軽やかな踊りは、それまでのヨーロッパから来た踊りでは、とうていできるわけはなかった。

身体をピッタリとあわせるだけでなく、頬と頬とをくっつけるチークダンスのスタイルで踊る一対もいた。カンドンベのバイレ・スエルタから、バイレ・エンラサーダへの見事な変身であった。現在のタンゴのリズムの基本となる4分の2拍子の踊りと音楽は、ラ・アカデミアで誕生したのである。

舞曲ミロンガの成熟

ブエノスのラ・アカデミア

モンテに遅れてブエノスにも公衆ダンスサロンが建てられ、踊りだけでなく、飲んだり、賭事もできるような仕組みになっていた。

しかし、すべての点でモンテに遅れていた。楽団もアコーディオン、オルガンとギターぐらいのものので、もちろんバンドネオンはなかった。この楽器がブエノスの中心街に姿を現わすのは、後述するように一九一〇年頃である。

コルテ・ケブラーダの技術はラプラタ河を往来する黒人船員によりモンテから移入され、ブエノスのオリジエーロにも広がった。

ブエノスではラ・アカデミアはあいまいな意味で使用されている。例えば、ダンスホールとキャバレーを兼用している所をラ・アカデミアと名付けた事等である。そのような場所をすべてモンテと同様にラ・アカデミアと呼ぶとすれば、時が経つにつれて、公衆ダンスサロン等は各所に増え、その中の幾つかはラ・アカデミアとして名を残した。

ミロンガの試合

ブエノスでもミロンガが盛んになった証拠にモンテとブエノスのネグロ・クリオージョの間でミロンガの踊りのコンクールが行なわれた事実をあげることが出来る。記録によると、コンクールは多くの場合、モンテのラ・アカデミアで行なわれた。ブエノスのネグロ・クリオージョの中から、バイレ・コン・コルテの上手な者を何人か選び出し、楽団のメンバーを付けて、モンテに運んでいる。その方法はネグロ・クリオージョの船員の仲介による密航であったから、ブエノスのネグロ・クリオージョのミロンガ熱も相当なもので、同時にモンテの同朋に対抗意識をかなり強く抱いていたことも充分に推察できるのである。

両都市に住むオリジエーロたちにとって、住む場所は違っていても、共通しているのは心の底から踊りが好きなことで、カンドンベを踊ったアフリカの先祖の血が両者の体内を巡っていたのであろう。

ミロンガを完成させた三つの要素

ミロンガの最盛期は一八七五〜一八八五年の間と考えられる。その理由として、一八五〇年ごろからヨーロッパのハバネラ(タンゴ・アンダルース)形式の曲が流行しはじめるからである。

ミロンガ最盛期のモンテビデオでは、土曜、日曜や祭日の夜、若いオリジエーロのグループが、アカデミアで作曲された新しいミロンガを唄い、踊りながら街を練り歩き、街の人達は、白人、黒人の差別なく、これを見て、また唄を聴きながら楽しい夜を過ごした。

踊りを楽しむ人、唄を愛する人がミロンガに魅惑されたのは理解出来るが、それを生んだ場所はチーナの部屋やラ・アカデミア等の今流で言えば性風俗産業である。どうしてミロンガは楽しくて一般の人々にも愛され、流行したのだろうか。その秘密はミロンガの音楽と踊りにある。既におわかりの様に、ミロンガのメロディはグワヒーラ・フラメンカ、リズムはハバネラ、踊りはカンドンベを基本にして作られた舞曲である。従って、オリジエーロをはじめとするラプラタ地方の下層移民に共通する故郷の音楽がその中に生きていた。だからこそ流行し、愛されたのである。

タンゴの元祖・ミロンガ

ラ・アカデミアで成長した「ミロンガ」はオリジエーロの先祖がアフリカから持って来た言葉、儀式、才能、リズム、情緒などにヨーロッパの踊りも加え、そのすべてを集合し、クリオージョ化して出来上ったものである。

そして、これがタンゴの元祖ともなった。その良き例はラ・ダンサ・クバーナを受けいれて、これをクリオージョ化したもので、この系統から「マテ・アマルゴ」、「ラ・ケブラーダ」、「カーラ・ペラーダ」、「ラ・カナリア」、「ペヘレイ・コン・パーハ」、「セニョール・コミサリオ」などの名曲が生まれている。これ等の曲は楽譜なしで作曲され、口伝えで演奏されていたものだが、後になってモンテビデオの作曲者アンヘル・コルタカンスが音符をつけて、ミロンガ・クラシカ・デ・ラ・アカデミア・

モンテビデアーナ(モンテビデオのアカデミアの古いミロンガ)として古文書に残されている。

アルゼンチンでは、初期のタンゴ(ミロンガを含む)には詩がなかった。また、踊りは男同志で踊ったという二つは定説になっている。しかし、カンドンベ、ミロンガ共に即興詩が生まれていた。その詩が現在まで正確に伝えられていないだけで詩はあった。

男性同志の踊りについては後で述べる。詩で興味深いことは、現在のタンゴのほとんど全ての詩が、愛をテーマにしているのに反し、タンゴの元祖の詩はぜんぜん色気がなく、政治的な風刺がたいへん多かった。その踊りが官能的なのと対照的である。

タンゴの元祖がオリジエーロに愛された理由の一つは、オリジエーロの社会的地位と関係がある。

オリジエーロは正直ではあったが無学のため、白人の役人や主人に騙されたり、権力を振るわれたりして、いじめられた。そのウップンをはらし、言いたいことを言っている唄が、多くのオリジエーロの心をとらえたものであると考えても良い。

「ラ・クンパルシータ」のモデル

「セニョール・コミサリオ」は作曲者不明のミロンガで一八八〇年に出来ている。

この曲の中に、従来のハバネラ、及びカンドンベのリズム(図4、図5参照)と異なった形式のリズムが登場して来ている(楽譜(4))。

このリズムはマトス・ロドリゲスが一九一四年に作曲した「ラ・クンパルシータ」

楽譜（4）　**Senor Comisario**
Milonga clasica de la Academia Montevideana

タンゴのリズムを作ったのである。ロドリゲスは「セニョール・コミサリオ」からヒントを得て、かの有名なの中のものと同じである。

男性の踊りタンゴ

ミロンガは一八八〇年に続く十年の間に新しい名前タンゴを誕生させる事になるのだが、ここでもういちど、リンチの説を考えたい。「コモ・ウナ・ブルラ」[*26]、または「ミロンガ・シルバーダ」[*27]とスペイン語で表現されている行為をしてコンパドリートが黒人のカンドンベをからかった結果、ミロンガが生まれたという説である。

ブルラはからかい、シルバーダはコンサートで演奏が悪い時に吹く口笛(引っこめ、下手くその意味)のことである。

ミロンガはオリジエーロの舞曲で、しかも男女が密着して踊るわいせつな行動と考えて、男同志で踊る人たちがいても不思議ではない。男同士で踊ったり、ふざけあったりする中から形づくられたというのも、アルゼンチンにおける初期のタンゴに関して、詩と共に語られている定説である。モンテのラ・アカデミアに比べると、真剣に踊る場所が少ないブエノスでは特にその傾向が強かったと記されている。また、オリジエーロの間にもこの風習は広がって行き、一九〇六年頃の詩に「二人のオリジエーロの踊り」の言葉が記されている。ほんの少しだけれど、ホモ・セクシャルな部分を含みながら、路地裏でオルガニート(手廻しオルゴール)の伴奏で初期のタンゴが踊られていたことも事実であるらしい。

26　*Como Una Burla*
27　*Milonga Silbada*

タンゴは町の踊り

バイレ・コン・コルテはブエノスから、コリエンテス、エントレ・リオスの町まで流行したが、田舎には入らなかった。一般にオリジエーロの風俗習慣が黒人のものであり、反対に田舎では、スペインの習慣とガウチョのモラルが共存する保守的な環境が支配していた。そのため、男女が抱き合ったり、ホモの気のある踊りは受け入れられなかった。

田舎では男女がはなれて踊るサンバ、ペリコン、ガートなどが踊られ、また、素朴な男女はそれで充分なのであった。ガウチョはタンゴを嫌った。この傾向は現在のアルゼンチンにも受け継がれ、タンゴはブエノスの音楽で、田舎ではサンバが好まれている。

男同志が踊ったことが、後になって誤解され、アルゼンチンタンゴの踊りは、その昔にガウチョ同士の小刀の決闘の時、相手の攻撃から身を守るため、素早く体の位置を変えた動作が基本になっていると伝えられたが、これは間違っている。

ペリングンディネス（ダンスホール）

十九世紀の中頃、イタリアのジェノバから来た移民がボカ地区に住みつき、船乗り相手の商売をはじめた。

一八八五年頃、このボカは小船の投錨地となり、船員、港湾労働者、そして下層移民の中でもイタリア系移民が住み付いた。また、この南、リアチュエロの屠殺場の労働者も前からここを住家としていた。

リアチュエロの河岸には、非衛生きわまりない大屠殺場が数平方キロメートルにわたって広がり、そこから大量の牛馬の肉が乾肉、塩漬にされ、ブラジル、キューバの黒人奴隷の食料として輸出されていた。メンドーサやガライの放牧した牛馬の子孫はタンゴだけでなく、新大陸に数々の音楽をもたらしたアフリカ黒人を大量に輸入することを可能にしたのであった。タンゴはこの肉をエネルギーとして生まれた舞曲であると言っても過言ではない。

ボカに来たジェノバ人の中で、旧コリエンテス街にペリングンディネス[28]と言う名のダンスホールを開く者がいた。ペリングンディネスは複数形で一軒ではペリングンディン[29]である。

この由来も面白い。ファン・ホルへによると、一八七三年、リアチュエロの近くの港には船が出入りし、北米から来た人がその地を監督していた。そこにアウグスト・エル・ロマノと言う人が居酒屋を建てて、酒だけでなく、食品、雑貨を売ったので、商用でブエノスに来た人は自然とその居酒屋に集まって、飲んで雑談をした。そこにパラグワイの人でギターの名人ピリン[30]と、ブラジル人でアコーディオンの達人グンディン[31]が居て、二人の合奏はたちまち名物となったが、それぞれに贔屓の集まりが出来て、どっちが上手かで喧嘩さわぎが絶えなかった。その度に監督が二人を呼びつけて注意したが、二人の名前を早口で呼ぶのだが、北米人なので発音が悪く、「ペリングンデン」と人々には聞えた。何時からとなく、ロマノの居酒屋はペリングンディンと呼ばれるようになった。

ありそうな話ではあるがその後の研究で、ここで明らかになったのは、ロマノの居酒屋では女気なしで騒いだり踊ったりしているので、ブエノスの港においても、男同志で踊っていたらしいということだけである。

もう一つガルソン説がある。一八六七年頃、サンタ・フエ州のロサリオでスンディン[32]と名の付くファンダンゴの踊りが若者の間で流行した。この踊りには興行主が居て、参加する男性から金を集め

28 *peringundines*
29 *peringundin*
30 *pirin*
31 *Gundin*　**32** *Sundin*

て、同じく女性に支払ってその差額を儲けた。踊りは午後四時から午後八時まで開催され、男性は六分間毎に金を支払わされるのである。田舎の女性はたくさん重ねて着ているし、人数が少ない。しかもお金が稼げるので「大粒の汗」を流してぶっ続けで踊った。男性は美人の回りに群がって六分間が切れるとお目当の女性の所に殺到した。そこで汗をかく女性の踊り「スンデイネス」と周囲の意味ペリ[33]でペリングンデインの言葉が生まれ、男性から女性にお金が渡る意味に使われた。この踊りは家の中で催され、着替えの衣装や、リキュール酒、お菓子等も売っていた。そこから踊ったり、騒いだりする場所に、ペリングンデインと名が付いたというのである。

いずれにしてもこの事からペリングンデインの名は一八六七年には存在していたことと、アルゼンチンのルンファルド[34](隠語)がこの頃にはもう出来ていたらしいことがわかる。

ジェノバの人がブエノスの新しいダンスホールに着けた名前が、タンゴの歌詞に欠かせないルンファルドであったとする説が現在では有力である。

ブエノスのペリングンデイネスには、いかがわしい女性も居た。名家の白人青年が若いエネルギーを発散させると同時に、踊りを習う場所でもあった。踊りはモンテにくらべると、もっとヨーロッパ的で、ハバネラがやっとモンテと同じ程度にこなせる位であった。人気のあった舞曲は一番にハバネラ、そしてワルツ、ポルカ、クワドリージヤ、マズルカ等であった。

チーナの部屋、公衆ダンスサロン、ペリングンデイネスなどには後世に残る音楽家が活躍していた。ピアニストではロケ・リベロ、レミヒオ・ナバーロ、そしてA・ロセンドの偽名でタンゴの名曲「エル・エントレリアーノ」を作曲したロセンド・メンデイサバル、バンドネオン奏者の元祖、ラモス・メフィア、バイオリンの名手として有名なカシミロ等のネグロ・クリオージョである。

33　*peri*
34　*lunfardo*

4　クリオージョ・タンゴの誕生

娼婦とイタリア移民

オリジエーロ・ネグロの減少

タンゴはブエノスの場末の売春窟の中から生まれたとよく言われる。しかし日本でも、東京の吉原を始めとする旧遊廓から生まれた文化がどれ程多いか。事情は同じである。

タンゴが庶民のものであれば、あたり前の話であるが、やはりそれに関係した事を述べなければならない。初期のタンゴにはその種の話題を題材にした名曲が多いからである。

ここで、新大陸生まれを意味する「クリオージョ」という言葉が重大な意味を持って来るそのあたりの気風にふれておこう。アルゼンチンを含む新大陸では、その土地で生まれた物、クリオージョでなければ一人前として認めてもらえない伝統があった。

ミロンガやタンゴ・アンダルースは言葉の上からも音楽的な要素からも外国の色彩が強く残っていた。タンゴの元祖ミロンガがアフリカとヨーロッパのすべてをクリオージョ化した舞曲であるにしても、すべての人が納得出来る完全なクリオージョではなかった。タンゴが完全にクリオージョとして独立するまでにはまだまだ険しい道程を経ねばならない。売春との共存と官憲による弾圧である。

さて、十九世紀後半、アルゼンチンの社会・文化状況は、一つの大きな変化をむかえる。その最大の要因は、黒人の人数の減少である。

アルゼンチンに限って言えば、黒人奴隷は解放されたとはいえ貧しく、非衛生極まりない生活を強いられていた。また彼らは兵士として徴兵され、対パラグワイ戦争、アルゼンチン内戦並びにインディオ征服のために最前線で戦うことを強いられた。さらに一八七一年に猛威を振った黄熱病はオリジエーロに最大の犠牲者を出した。

黒人がどんどん減っていくのと入れ代わるようにして、白人移民が大量に到来した。

出発は三部形式のソナタ

ミロンガの主役、黒人の減少は、あらゆる側面に変化をもたらす。もともとブエノスの音楽レベルはモンテに比べて劣っていた。そのためかモンテと異ったスタイルの楽団が流行しはじめた。フルート、バイオリン、ギターによるトリオである。

ブエノスでは前述したように街の隅で男同志がミロンガ等を踊ることがあったが、警察はこれを不道徳な行為として取締ったので、踊りの場所はロメリア等と称される場所に移って行った。

当時のブエノスには、前述のチーナの部屋のほか、カルパ、トリンケッテ、バイレチン、ペリングンデイン等の場所があった。更にサロン、コンベンティージョ、そしてキャバレーと続く。ロメリアはもともと巡礼の意味であるが、十九世紀末のもっとも活発な歓楽の場所であった。

初期のロメリア等でのトリオの演奏がモンテの黒人にくらべて下手なことは、3拍子のミロンガが弾けずに2拍子に変えてしまったことでも容易に想像出来るのだが、この事がタンゴの下地を作ったことは既述した。アコーディオン奏者も働いていたが、歌の伴奏をするのに単音で弾き、しかも間違ってばかりいた。こうなると踊れないので、男達が街で踊りの伴奏に使っていたオルガニートをこれらの家に持ち込んだ。さらにヨーロッパ人は自動式ピアノも普及させるのである。

ペリングンディネスなどの楽団はかなり上手であったが、ここでも黒人の減少は音楽の質と楽器に少しずつ影響を与えた。

このロメリア等でのトリオが古いタンゴの三部形式の基本を作った。楽譜のないアドリブ演奏であるため、一人が最初のテーマを作って弾き、次をもう一人が作曲し、第三部を最後の一人が受けもった。「ラ・クンパルシータ」、「エル・チョクロ」等古い曲はすべて三部形式で作られている。「タンゴは独特のハーモニーを有した『ソナタ形式』の音楽である」とブラス・マタモーロが記述している由来はここにある。三部形式でないタンゴはすべて二部形式である。「ドン・ファン」、「ア・メディア・ルース」等はその代表である。しかも第一部は主題の前奏ではなく、それぞれに詩を持っている。

この点がコンチネンタルタンゴとの大きな違いである。日本の歌謡曲となると一見三部形式に見えても、導入部と主題に続く部分は前奏と後奏である。歌謡曲を編曲すると、どうしても歌の部分の繰返しになるのは、このためである。タンゴと違って前奏、後奏には詩がない。歌謡曲をアルゼンチンタンゴ風にアレンジしても、コンチネンタルタンゴにはなっても、アルゼンチン風にはならない。

この三部形式の曲は繰返して演奏され定着しているから、この主役は、やはり、ネグロ・クリオージョで、楽器の技術は下手でも音感は素晴らしかったと言える。一度聞いたり演奏した曲は、忘れることなくほとんど繰り返されている。弾けない曲は口笛を吹いて補なった。やはりオリジエーロは音楽の天才であった事に間違いはなく、この口笛がリンチの言うミロンガ・シルバーダの仮説を生んだのだと私は信じている。

こうした事実がブエノスで売春と共存しながらタンゴの誕生に向けて着々とその下地を作っていく。

一方オルガニート、ピアノーラといった楽器は自動演奏が可能なので、演奏家が居なくても営業が成り立つ。騒々しさがなくなったホールのエキゾチックな音楽は男女が睦言を交すには、もっとも適した雰囲気をかもし出した。

売春宿と音楽

モンテにラ・アカデミアが出来た頃、ブエノスでは市の北部で現在公園と高級住宅地となっているパレルモに砲兵隊の兵営があり、おきまりのチーナの部屋があり、「クワルトス・デ・パレルモ」（パレルモの部屋）として有名であった。

そこでは未亡人のヒステリックで柄の悪い女が客を取った。今日のフロリダ通りのあたりには、カルパ、トリンケッテ等が立ち並んでいた。これ等の場所は、踊りと共に肉体の市場であり、今日でいう人妻の不倫の場所でもあった。

「エル・ケコ」[*1]。作者不明のこの曲（一八八五年、リノ・ガレアーノの作とする説もある）はアルゼンチンの売春の事実を明るみに出し、しかも、売春宿を意味するルンファルド（隠語）となった。

一八六二～一八六八年の間、アルゼンチンでは三代目のバルトロメ・ミトレが大統領であった。一八七四年二月、四代目大統領選挙がミトレとアベジャネーダの間で争われ、ミトレは敗れた。しかし両者の間で争いが起り、武力衝突にまで発展した。

この時、軍隊に居た売春婦をケコと呼んだ。このケコはチーナであったとする説が有力であるが、

1　*El Queco, El ke-ko*
2　*La Rora*
3　*La Mina*

この曲の中で歌われていた歌詞から、ヨーロッパの女性が出稼ぎに来ていたらしい節がある。

ケコは当時としては出色の名曲であると同時に、世相をも伝える貴重な曲であったが、詞は下品を極めた。

さらに口に出す事さえはばからねばならないタイトルの曲が、当時作られている。

女性の恥部そのものずばりの題名の曲もあった。この頃からラ・ローラ[※2]、ラ・ミーナ[※3]は女性の恥部を意味するルンファルドとして登場し、やがてローラは外国人（主としてフランス人）の売春婦を指すようになった。一八八〇年代にはフランスから女性がブエノスに来ていたことが良くわかる。一九四五年、リベルタド・ラマルケはケコに別の歌詞をつけて歌っている。

ケコのメロディは口で伝えられているから、再現の途中で少しづつ異なっている。現在までに伝わっている古いミロンガや、タンゴ・アンダルースは、すべてこうして楽譜になったもので、それが絶対に正確とは限らない。日本の民謡にも言えることである。

ケコのリズムはハバネラであり、タンゴ・アンダルースに属する曲である。楽譜(5)・(A)はファン・バレリオがマンドリンで弾いていたケコのメロディで、(B)は、セバスチアン・ピアナが再現した譜、(C)はリノ・ガレアーノ編集のメロディであり、少しずつ違いがあることがわかる。

楽譜（5）(A)

(B)

(C)

ケコは現在では古いタンゴのカテゴリーに入れられているが、正式な楽譜として発表された曲ではない。亜国日報の田中氏は、著作『ラ・プラタの黒人とタンゴ』の中で、楽譜として発表された曲の出現時をもってタンゴ誕生としている。これに従えば、ケコは広義のミロンガである。

ケコが現われた三年後の一八八八年、ファン・ペレスは素晴らしい曲を発表した。「ダメ・ラ・ラータ」[＊4]である。永い間、この曲が作られた年と、その意味が不明であった。最初のころは一八七〇年頃の作で、ラジオ放送ではラータはダンスホールの入場券であると解釈されていた。

一九六五年にその曲の全貌が明らかになった。作られたのは一八八八年、ラータ（スペイン語ではブリキの意味）はケコに入るためのチケットであることが判明した。客がケコに行くと、売春婦の抱主にお金を支払ってラータを受けとり、女性にそれを渡すわけであり、抱主はその金額の半分を受け取った。「ダメ・ラ・ラータ」とは客を誘う言葉として使われたのであった。

この曲は甘くて優しい長調の旋律を持っている。この時代の曲はほとんど全て長調で甘美なメロディが特徴である。「ダメ・ラ・ラータ」から当時の売春宿での金銭の授受の様子がわかる。

高級売春宿から名曲が生まれた

タンゴはブエノスの下町にある下級階層から生まれたと一般に伝えられているが、私はこの説に対し疑問を抱いている。

そのような場所で音楽や踊りがはじまり、広まったのは事実であろうが、およそ音楽に限らず芸事といわれるものは良いスポンサーと良い環境に恵まれると立派な作品が生まれるものである。ケコもピンからキリまであったはずである。ピンの方は客筋が良いから収入が多く、その結果、良い音楽家が集まった。

ブエノスでは初期の売春宿は船乗り、兵隊相手であったが、少しずつ高級な建物が現われ、ダンスと売春が共存した。高級売春宿は今のオンセ地区に近く、地下鉄パステウル付近、サルミエント通りとビアモンテ通りに挟まれたフニン地区に多かった。他方、ボカ地区、パボン通、リンコン街等の南は貧しい娼婦が多かった。そのような場所では喧嘩が起こり、血が流され、警察の厄介になる結果となった。

高級な場所では、良い香りを漂わせた若いフランス娘が媚を売って客を迎えた。それらの中で次の三つの家が有名であった。

コンセプション・アマージャ　ラバージェ通二一七七[5]

ビエハ・タンガーラ　フニン通四一八[6]

マリエータ　フニン通五三六[7]

何れもお馴染みさんになる必要があり、紹介なしの一見の客は断わられた。女性は揃って美人でしかも上手に踊った。モンテのラ・アカデミアとは雲泥の差で、ブエノスではヨーロッパ的なハバネラ、ワルツ等が踊られていたのは既に述べた通りである。日本の旧遊廓でも高級な店では一見客は断わられたと言うから、このような場所はどこの国でも似たようなものであろう。

タンガーラには若い娘が多く、彼女らは集団で踊って見せて客から指命されるのを待った。そして女性の値段も安かった。マリエータも粒選りの娼婦を揃えていた。コンセプション・アマージャは別

5　*Concepcion Amaya, Lavalle* 2177
6　*Vieja Tangara, Junin* 418
7　*Marieta, Junin* 536

命マミータ[*8]とも言った。この店で「エントレリアーノ」の作者ロセンド・メンデイサバルの兄弟である黒人セルヒオがギターを弾いていた。初期のタンゴはこの店の雰囲気にぴったりしていたと伝えられている。また、ここには伝説にまでなっている作曲家でバイオリニストの黒人カシミロ[*9]もいた。

個性豊かな娼婦についても語る必要がある。マミータにはナタ・ロサウラ、エルミニア、そしてホアキーナ等の女性がいたことが語り継がれている。ファン・サンタ・クルスはある高級な売春宿について次のように回想している。

「その店に入る客は、そっと静かに入らねばならない。ラータの値段を聞いたりしてはいけないが、高くはなかった。音楽、特にミロンガ等は人々の情熱を掻き立てるという理由で演奏していなかった。レベンケなる女性が人気の的であった」。

マミータではセルヒオはピアノも弾いている。また「エル・チョクロ」の作曲者として有名なアンヘル・ビジョルドも当時ピアニストとして働いていたらしい。ビジョルドは自作の曲を「新しいクリオージョのダンス」と名付けて演奏し、ロセンドも仮名で曲を出している事などから推察すると、当時ミロンガ等は、下品な音楽としてこのような高級サロンでは敬遠されていたのだろう。

娼婦のいたダンスホールは以上の外、リベルタード街ではフランス娘が多く、ビアモンテ通の西地区は街娼婦がうようよしていた。

このようにブエノスのいかがわしいダンスホールは音楽なしのところ、オルガニートだけのところ、そして名演奏家の居るところと変化に富んでいたが、高級な店に良い音楽家が集まったのは当然の成り行きであった。ブエノスでは、こうして「黒人達のもの」タンゴの元祖ミロンガは、未だ日の当たらない音楽として遊女達と共通の世界に生きたのである。

8　*Mamita*
9　*Negro Casimiro*

クリオージャの娼婦は香水と糊の付いた新しい衣装に身を飾ったフランス娘にその座を奪われていった。悲恋の涙が流れ、貧しさに耐えながら生きねばならなかった。タンゴの元祖はその雰囲気を決して見過さず、歌詞もメロディも少しずつ変化しはじめるのである。

イタリア移民とコンベンティージョ[*10]

アルゼンチンタンゴはそのメロディにさまざまな要素が含まれている。グワヒーラ・フラメンカやベニスの踊りが、ミロンガやハバネラの遠い祖先とすれば、それは当然の現象であるが、そのほかにも、現在広く知られているタンゴには、メロディやリズムにジプシー的な、あるいはイタリアの民謡的な色彩がにじみ出ている。草原の踊りはロシアのダンスとそっくりである。すなわちヨーロッパの影響が強く現われている。そのためタンゴはブラジルのサンバ、キューバのルンバ等と違って白人が作り出した音楽であるとする認識を持っている人も多いが、間違いであることは言うまでもない。

スペイン人が作ったこの国に十九世紀中頃から、イタリア人を中心に大量のヨーロッパ移民の到来がはじまっていた。征服者としてではなく、多くは貧しい人達であった。ブエノスのコンベンティージョとは長屋の意味であるが、下等な宿泊所で人種の坩堝であった。お客の大半はイタリアから来たばかりの人達で、行商、港湾労働を職とし、乱闘、女の奪い合いによる騒動は日常茶飯事。果てはナイフがきらめいて、刃傷沙汰(プニャラーダー)[*11]になった。

しかし、音楽的には重要な役割を果たしたのである。ナポリ民謡がアコーディオンの調べに乗って流れ、それに対抗するように、ミロンガを伴奏するギターが掻き鳴らされた。一瞬の静寂の間をガリ

10　*conventillo*
11　*puñalada*

シア人の小唄が流れるのであった。オリジエーロのミロンガは上流階級の白人の舞曲ハバネラの影響を受けたが、ここでイタリア民謡等ヨーロッパの大衆音楽との混血が進行し、現在のタンゴ誕生に欠かすことの出来ない性格が芽生えたのである。

この建物はモンセラー地区、奴隷市場のあったレティーロの西、バラカス等にあった。

ブエノス・アイレス市の近代化

一八八六年、セルマン大統領はブエノスを大近代都市に転換すべく工事に着手した。それに先立ってリアチュエロ南部の非衛生きわまりない大屠殺場は、一八七一年死者二十万人と記録された黄熱病の大流行を機に、他の場所に移転され、施設は近代化された。

ブエノス市は南米のパリに模様替えをするための基本的設計が進められた。ブエノス・アイレス港の建設、五月広場から五月大通りを経て国会議事堂に到るまでのスペイン風の建物、上下水道施設の完備、道路の拡張と舗装、パレルモ公園までの北の地区にはパリを見習って美しい建物が林立した。

一八九七年四月、市内電車開通、一九〇八年コロン劇場の開幕、一九一三年地下鉄が開通した。一九二八年、狭い通りであったコリエンテス通りが今日のような大通りに拡張された。一九三六年、メンドーサの第一次ブエノス・アイレス建設四百年を記念して、共和国広場に記念塔（オベリスコ）が建てられた。その翌年、七月九日通りの一部が開通した。

鉄道の歴史は古く、一八五七年ラプラタ地方最初の鉄道が、ブエノスのラバージェ広場（現コロン劇場の横）からペレス・サルスフィールドまでの十キロが開通した。レティーロの奴隷市場も鉄道のターミナル駅として生まれ変わった。

こうしてオリジエーロの街モンセラーをはじめ、植民地時代の古い家がどんどん壊され、それと共にタンゴが生まれ育った場所も姿を消して行かねばならなかった。

タンゴはアフリカからモンテビデオを経てブエノス・アイレスに伝わり、モンセラー街に住むオリジエーロによって育てられ、やがて市内各所に出来たダンスホール、売春宿等で徐々にクリオージョ化され、音楽、踊り共に変身していった。

初期のタンゴ

最初のアルゼンチンタンゴは？

「ケコ」、「ダメ・ラ・ラータ」等はハバネラ（タンゴ・アンダルース）であったが、アルゼンチンタンゴとしては当時の人々は認識していなかった。モンテから来たミロンガや、ヨーロッパ由来のタンゴ・アンダルースでなく、クリオージョとしてタンゴが何時生まれたのかと言う事について考えてみたい。

次頁の表は一八八〇～一九〇〇年の間にブエノスを中心に作られたミロンガまたはタンゴでタイトルを持つ曲である。

一八八〇年に「セニョーラ・カセーラ」（楽譜6）と「ラ・クンパルシータ」のモデルになった例の「セニョール・コミサリオ」が発表されている。いずれも口承されて来たメロディで、現存する楽譜はベガ等による再現である。

一八八三年にタンゴ一号の名がある。作曲者はホルヘ・マチャード、黒人のアコーディオンの名手であった。一九一三年にアルゼンチンの歴史家が、口承されて来たタンゴの先祖の多くの曲を研究し、

- ソイ・エル・ルビオ・ピンチナンゴ　（エドアルド・ガルシア・ララーネ，1898）
- ノー・メ・ベンガス・コン・パラダス　（E・ガルシア・ララーネ，1898）
- サルヘント・カブラル　（マヌエル・カンポアモール，1899）
- バルトロ　（F・A・アルグレアベス，1900）
- エン・エル・セプテイモ・シイエロ　（マヌエル・カンポアモール，1900）
- ラ・ナシオン　（ルイス・テイセリエ，1900）

以下の曲は作曲の年代を決定できない。

- ミロンガ　No.1　（F・A・アルグレアベス）
- ミロンガ　No.2　（F・A・アルグレアベス）
- ミロンガ　No.3　（F・A・アルグレアベス）
- シイエテ・パラブラス　（アラゴン編集）
- ラ・グワルデイア・ビエハ　（不明）
- ラ・アンティグア・ミロンガ　（不明）
- ラ・ヤパ　（カシミロ）
- エル・ジョロン　（不明）
- エル・テロ　（不明）
- カラ・スシア　（不明）
- エル・テイラノ　（ダビド・グラッソ）
- アタニチエ(または、ロス・ゲバラ)　（不明）
- カラ・ペラダ　（不明）
- ラ・カナリア・デ・カネローネス　（不明）
- ラ・キンセーナ　（不明）

以上の曲は１８８０年－１９００年の間に作られた曲で、作曲者不明が多く、フランシスコ・カナロが後から自分の名を付けた曲もかなりある。

※EL TANGO Y SUS DOS PRIMERAS DECADAS（１８８０－１９００）ROBERTO SELLES より引用。

〈表１〉初期のタンゴ，ミロンガ

（　　）内は、作曲者名と作曲年、不明＝作曲者不明

- セニョーラ・カセーラ　（不明，1880）
- アンダーテ・ア・ラ・レコレータ　（不明，1880）
- セニョール・コミサリオ＝ミロンガ　（不明，1880）
- エントラーダ・プロイビダ　（カシミロ，1880）
- エル・ポルテニート　（ガブリエル・ディエス，1880）
- その他　２曲　（不明）
- ミロンガ・デ・タンクレディ　（不明，1882）
- タンゴ・№１　（ホルヘ・マチャード，1883）
- タンゴ　（ミゲス，1883―1884）
- エル・ケコ　（不明，1885）
- エル・ペリングンデン　（不明，1885）
- ラ・ミロンガ　（フランシスコ・アルグレアベス，1885―1886）
- ペヘレイ・コン・パパス＝ミロンガ　（不明，1886）
- タンゴ・デ・ラス・シルビエンタス　（不明，1887）
- ダメ・ラ・ラータ　（ファン・ペレス，1888）
- エル・レチエーロ　（不明，1888）
- エル・レフシロ　（不明，1888）
- ラ・エストレージヤ＝ミロンガ　（アントニオ・D・ポデスタ，1889）
- タンゴ・デ・ラ・メネヒルダ　（ピアノ用タンゴ，F・アルグレアベス，1889）
- ケ・ポルボ・コン・タント・ビエント　（不明，1890）
- ウナ・ネグラ・イ・ウン・ネグリート　（不明，1891）
- タンゴ・デル・マテ　（ペドロ・パラウ，1891）
- ミロンガ　（アンドレス・アバド，1891）
- ノー・メ・テイレス・コン・ラ・タパ・デ・ラ・アジヤ　（不明，1892―1893）
- エル・タラール　（P・アラゴン，1894）
- エル・エントレリアーノ　（ロセンド・C・メンデイサバル，1897）
- アイ・ケ・グスト・イ・ケ・プラセール　（不明，1897）
- ドン・ファン［エル・パンスード］　（エルネスト・ポンシオ，1898）

最優秀としたこの曲に№1の名称を与え、作曲の年を三十年前の一八八三年としたのである。

　これには根拠があった。アルゼンチンのタンゴ史家ブラス・マタモーロによると一八八〇年以後にミロンガがタンゴと呼ばれはじめたことを挙げている。しかし同時に、この当時劇場等で公演されていたタンゴ・アンダルース（ハバネラ）の影響を強く受けたと述べている。同じくロベルト・セージェスは一八九〇年以後にタンゴの名が広がった事を認めているが、やはりタンゴ・アンダルースとの区別には言及していない。

　一九一三年はタンゴの歴史にとっては重要な年であった。日刊紙クリティカ[*12]にビエホ・タンゲーロ[*13]（古いタンゴの踊り手）という仮名の記者がタンゴに関係のあるいろいろな話を記事にしている。その中で十九世紀末ブエノスで行なわれたタンゴと名の付いている音楽について、そのフランス風のタンゴはハバネラであってタンゴではないと言っている。

　「エル・ケコ」、「ダメ・ラ・ラータ」も後年になって作られた年が明らかにされ、メロディが再現された曲であるから、作者にタンゴを作曲しているという自覚があったかどうかが不明である。

　セージェスの説に従えば一八九四年作曲の「エル・タラール」がアルゼンチンタンゴ一号となる。一方、アルゼンチンだけでなく日本においてもフランシスコ・アルグレアベス[*14]が作曲した「バルトロ」[*15]を最初のタンゴとして支持する人が多い。しかし、私はこのどちらも、タンゴとして作られた最初のタンゴとは言い難いと考える。

　「エル・タラール」についてはその作曲者プルデンシオ・アラゴンの生れが一八八六年または、八七年四月二十三日であるとバータ兄弟は述べている。すると作曲時の年齢が七〜八歳になってしまう。しかしその後の研究によるとこの曲が出来たのは一九〇六年以後か、作者不明のこの曲をアラゴンが

12　*CRITICA*
13　*Viejo Tanguero*
14　*Francisco Hargreaves*
15　*Bartolo*

自己の作品にしてしまった可能性のある事が判って来た。

一八九七年ロセンド・メンディサバル作曲とされている「エル・エントレリアーノ」はどうか。マリア・ラ・バスカなる売春宿でピアニストとして働いていた時、彼はこの曲を作ったが、当時A・ロセンドの仮名でこの曲を発表している位だから公然とタンゴとして発表されていない。

次にその翌年に発表されたエルネスト・ポンシオの「ドン・ファン」はどうか。一八八五年生まれのポンシオであるから十三歳の時にもうペリングンデインでバイオリンを弾いてこの曲を作ったことになる。ロベルト・セージェスはアラゴンと同様にポンシオの場合も作曲した時の年齢があまりにも若くて不自然だと述べている。しかもこの曲は一八九〇年に作曲された作者不明の曲、「ケ・ポルボ・コン・タント・ビエント」の一部を借用しているとも言われている。

ピアノ用タンゴの発表

ミロンガからタンゴと名が変わったのは一八九〇年以後であると、アルゼンチンの多くのタンゴ史家は述べている。

一般的にラ・アカデミア等で演奏されていたミロンガは、「コーサス・デ・ネグロス」(黒人たちのもの)としてふつうの白人家庭ではカーニバルの夜か、よほどお酒が入って乱れた雰囲気でもなければ、大っぴらに弾いたり歌ったりされなかった。一八〇〇年代終りのラプラタ地方ではまだ裏街道を歩く音楽であった。

一八八九年モンテビデオの劇場で上演されているガウチョ劇「ファン・モレイラ」の最終シーンにミロンガが公演された。これが、ミロンガが檜舞台に登場した、最初であろうと思われる。作曲者はモンテ生まれのアントニオ・ポデスタで曲は「ラ・エストレージャ」であった。この事はミロンガを一躍有名にしたばかりかアルゼンチンの音楽として世界にその名が知られる糸口となった。この劇は次のような筋書である。主人公ファン・モレイラがお尋ね者になり、長い放浪の旅の後に故郷に帰る。そして昔の愛人と居酒屋で踊るのがミロンガであった。

その翌年一八九〇年、ブエノス・アイレスのゴルドーニ劇場でアルゼンチン生まれの作曲家ガルシア・ララーネがあるヨーロッパの劇団のためにミロンガを作曲した。

このような劇ではいずれも他人に弾かせるための楽譜を必要とした。ラ・アカデミア等で行なわれて来た、パジャドール、ミロンゲアールといった即興的演奏ではなく、一つの形式を持った音楽となった。

一八八九年、アルグレアベスはピアノ用に作られた「タンゴ・デ・ラ・メネヒルダ」を発表した。クリオージョ作曲家達はこの外にも実質的には、ハバネラであり、それもモンテのミロンガ・クラシカ・モンテビデアーナの影響を強く受けたミロンガを作り、それらにタンゴと名付け、ピアノ用の楽譜を作って売り出した。

私は故高橋忠雄氏から譲り受けた一九一〇年発売のピアノ用タンゴの譜面を数曲持っているが、表紙のタイトルの下に「ピアノのためのタンゴ」[*16]の印刷がある。

以上の事実をふまえて、ピアノ用の楽譜が売り出された時をアルゼンチンタンゴ誕生と考えることが出来る。楽譜の形式からは一八八〇年の作とされている曲の中に、カンドンベとハバネラの二つのリズムから図7の形式のリズムが生まれている。

カルロス・ベガはこの形式のリズムの出現がアルゼンチンタンゴを生んだと明言している。しかし

図7
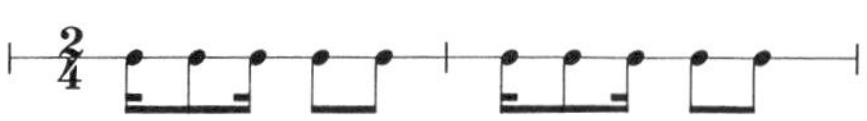

16　*Tango para Piano*

一八八〇年にタンゴは楽譜としては発表されていないから、後からリズムが作られた可能性が大いにある。

タンゴ・バルトロの謎

ブエノス生まれのクリオージョ、フランシスコ・アルトウロ・アルグレアベス。記録によれば一八四九年一二月三一日生まれのこのピアニストでもある作曲家は、一九〇〇年一二月三〇日にその生涯を閉じた。きっかり五十一年の一生は、その名作「タンゴ・バルトロ」の栄光とは裏はらに、謎だらけである。

「バルトロ」はアルゼンチンタンゴ第一号と言われて来た。「ミロンガNo.1、No.2、No.3」の三つのミロンガと共に一九〇〇年にピアノ用のタンゴとして楽譜に発表されたとされている。他方バルトロの作曲が一八八九〜九〇年らしいとする説もある。

一〇年の差があるのは、一八八九年に彼はピアノ用のタンゴを作曲していることから、この「タンゴ・デ・ラ・メネヒルダ」を「バルトロ」と勘違いしてしまった事が考えられる。しかしロベルト・セージェスによれば「メネヒルダ」はもともと別の人が作った曲を少し手直しをして名を付けた曲であった。

ではバルトロのメロディの形とハーモニーをしらべてみよう。

楽譜(7)は一八八〇年作者不明の曲「アンダーテ・ア・ラ・レコレータ」[*17]である。楽譜(8)はバルトロである。カルロス・ベガは、アルグレアベスは「アンダーテ・レコレータ」を「バルトロ」と名付け楽譜にして一九〇〇年に発表したと述べている。

17　*Andante a la Recoleta*

楽譜 (6)　**Señora Casera**

楽譜 (7)　**Andate a la Recoleta**

楽譜 (8)　**Bartolo**

楽譜 (9)　**La Morocha**

マタモーロは、「アンダーテ」は一九〇〇年にアルグレアベスにより、フルート用の音楽に変えられ、ハーモニーを付けられただけだが、それによって詞も音楽もすっかり変ってしまったと言っている。

楽譜(7)にコードをつけて少し変えると楽譜(8)にならないだろうか。これに似た例は楽譜(6)と楽譜(9)である。前者は一八八〇年作者不明の曲「セニョーラ・カセーラ」[*18]で、後者は「ラ・モローチャ」である。ビジョルドがこの曲の形式をモデルにしなかったとは言いきれない。

アルゼンチンの歴史では「バルトロ」の発表は一九〇〇年であるとしている。

アルグレアベスが「レコレータ」から「バルトロ」を作ったとすると、彼が生きている間にそれらの二曲は共存して演奏されたに違いない。この曲には多くの歌詞が付けられたが、中でもアンヘル・ビジョルドの詞はレコーディングされ、後になってメキシコやウルグワイ等の外国で流行した。

「バルトロ」の出来た年は不明な点が多いので一九〇〇年にしておけば先ず間違いはなかったのだろう。何しろ一二月三〇日に他界したのだから。

初期の曲に盗作の被害が続出

一八八〇～一九〇〇年に作られた作者不明の曲は後世の人々の作った曲になったり、名前が変えられて新しい作曲者が生まれたりした。たとえば、ここに二、三、あげてみよう。

ミロンガの「セニョール・コミサリオ」はフランシスコ・カナロの曲としてタンゴに変えられた。高原地方ではカーニバルの曲として知られた。

「エル・ジョロン」[*19]。泣き虫の名で知られるこの作者不明の曲は、一九三三年に先ずファン・マグリ

18　*Señora Casera*
19　*El Lloron*
20　*Milonga del Tiempo Heroico*
21　*Roman Y Juana*

オが自分の作曲とした後、身内の舞台俳優アンブロシィオ・ラドリサニイに自分の版権を譲った。それだけではない。メンデイサバルやビジョルド等有名な作曲家はこの曲のメロディを使って曲を作り、全く違った名前を付けている。

「エル・ケコ」はすでに説明した通りガレアーナ編集と言われる。「ミロンガ・デル・ティエンポ・エロイコ」[*20]（英雄のミロンガ）のタイトルでフランシスコ・カナロの作曲に、「ラモン・イ・フウアナ」[*21]のタイトルでアルフレッド・ゴビの作曲になってしまった。

「シェーテ・パラブラス」[*22]（七つの言葉）の作者はアラゴンらしいと伝えられているが、ファン・マグリオが作曲者として楽譜に署名している。また、別のタイトルでその他の人が発表しているが、同じメロディである。

「アタニチエ」[*23]は別名を「ロス・ゲバラ」[*24]と言う。早い者勝ちのように作曲者が名乗り出た。最初ロベルト・フィイリイポ、続いてファン・バサンの物となり、最終的には「ドン・ファン」の作者ポンシオの曲となってしまった。しかし実は、作者不明であった。

有名な「カラ・スシア」[*25]はフランシスコ・カナロの作品とされているが、作者不明で、カナロは編集をしたにすぎない。

その他、作者不明のミロンガやタンゴの多くが後世の作曲になってしまっている。

先にポンシオの「ドン・ファン」が他の曲の一部を利用して作られた曲であると述べたが、一九一五年エドゥアルド・ペレイラ作曲「エル・アフリカーノ」と「エル・タラール」のメロディが楽譜⑽である。

一八八〇年代から今世紀の初めにかけて、作者不明の曲を自分のものとして発表する人が

楽譜 ⑽

多かったのである。

ピアノ用タンゴの普及

ロベルト・セージェス作成のミロンガ、タンゴが作られた年表と歴史的事実を照らし合わせ、さらに演奏する者の立場から推察すると、楽譜としてのタンゴが正式に作られたのは一八八九年、九〇年にポデスタ・ララーネ等が劇場用に作った曲であろう。

前述したように劇という限られた時間内で演奏する場合には、毎日同じシーンに同じ曲を弾かねばならないので、インスピレーション豊かなアドリブよりも正確な楽譜が必要なのである。これは現在でも同じことで、ミュージカルの伴奏の楽譜は歌と踊りにあてはめて厳格に作られている。したがってこの頃からピアノ用タンゴの楽譜が誕生したのが真相のようだ。

このあたりの事実についてもう少し詳しく調べることにしよう。

田中氏はバルトロが発表されたのは一八八九〜九〇年と書いておられる。一方セージェス、ベガ等は一九〇〇年説である。いずれにしてもこの頃にミロンガはタンゴと名前が変わった。この理由は何か。

「ファンモレイラ」が上演された一八八九年頃に、ブエノスのクリオージョの作曲家達がミロンガを作曲して音符をつけ、これを「タンゴ」として売り出した事は確かである。このミロンガのリズムは既述したようにハバネラのリズムを持った形式になっていたので実質的にはハバネラである。さらに言えばオリジエーロ、すなわち貧乏人のハバネラであった。しかしクリオージョ達はタンゴと名をつけた。

22 *Siete Palabras*
23 *Ataniche*
24 *Los Guevara*
25 *Craa Sucia*

かつて、黒人奴隷がカンドンベを踊り、それに彼らがアフリカにいる時から使っていた「タンゴ」という言葉をつけたのは一八六七年にモンテで誕生したラサ・アフリカーナ楽団であった。

その後ミロンガ、ハバネラ、ラ・ダンサなどの舞曲並びにスペインからタンゴ・アンダルースがラプラタ地方に広まって来たが、黒人のクリオージョは次々とこれらを自分のものとし、新大陸生まれのタンゴ・クリオージョが生まれる下地を作って来た。その結果、ピアノ用のタンゴが生まれたのである。

白人社会ではミロンガはコーサス・デ・ネグロであり、ラ・アカデミア、ペリングンディネス等、日本流に言えば旧遊廓の芸術であった。しかし、踊り、あるいは女が目的でそれらの場所に出入りする白人にとって、オリジエーロの音楽はなかなか魅力的であった。

もともと人種的偏見が少なく、黒人のカンドンベ楽団が出来ると早速その真似をした白人達はたちまち「タンゴ」とよばれるようになった「ミロンガ」を受け入れた。それまでネグロ・クリオージョがカーニバルや日曜日などに、彼等の居住区で使っていたタンゴという言葉が、このピアノ用タンゴの普及により、一般家庭の中にも入って行った。

一八九八年、ブエノス・アイレスのアポロ劇場で一つのサイネテス・オリジエーロス[*26]（オリジエーロをテーマとした一種の喜劇、サイネテスはサイネーテの複数形）が上演された。このサイネーテの伴奏曲にミロンガが登場し、その曲は八年前にゴルドーニ劇場で使用されたガルシア・ララーネの曲であった。八年の間にピアノ用タンゴは少しずつ普及していたので、アポロ劇場でのミロンガの演奏は、黒人街で育ってきたこの音楽の地位を決定的に高めた。他の劇場でもサイネテス・オリジエーロスを上演するようになった。

26　*Sainetes Orilleros*

最初の頃は、劇の場つなぎに二、三人の男優がミロンガを歌ったり踊ったりしていたが、だんだんと人気が高まって来た。それに答えるようにクリオージョ劇作家が新しい台本を書き、ネグロ・クリオージョの生活を描いた寸劇をつくった。やがて女優が加わり、舞台のダンスに「コルテ」や「ケブラーダ」の見せ場を盛り込んだミロンガを上演するまでに発展した。こうなると観客は大よろこびで声をかけたり拍手を送ったりした。

このサイネーテではミロンガとタンゴは同じ意味の言葉として使われた。舞台の上で「ミロンガ・イ・タンゴ」[*27]（タンゴとミロンガ）と言うせりふがふんだんに出て来たので、一般観衆はタンゴとミロンガは同じものだと思うようになった。さらに「ミロンガとタンゴ」と言っていたのが、そのうちにミロンガが省略されてタンゴだけになってしまった。

こうしてミロンガは一八八〇年代後半から一九〇〇年の初めに新しい名前「タンゴ」に変わった。私の手元に「七月九日」[*28]（ヌエベ・デ・フリオ）、「ボエド」[*29]の古い楽譜があるが、何れもタイトルの下にTANGO-MILONGAと印刷されている。しかし曲はタンゴであるから、ミロンガ・イ・タンゴの名残りであろう。

現在のタンゴはブエノスの劇場で正式な命名を受けたと言っても良い。

活躍したクリオージョの作曲家

前述したファン・ペレスの「ダメ・ラ・ラータ」、メンディサバルの「エル・エントレリアーノ」、ポンシオの「ドン・ファン」等の曲はクリオージョによって作られたのであるが、ピアノ用タンゴ発表にもこれらのクリオージョ作曲家が大活躍をした。

27 *Milonga Y Tango*
28 *9 de Julio*
29 *Boedo*

モンテやブエノスの一流劇場付の作曲家や指揮者の多くは、ヨーロッパ人であったので、サイネテス・オリジエーロスの音楽に対する認識がほとんどなかった。そのため「バルトロ」の作曲家アルグレアベス、ララーネ等に加えて、アルトウーロ・デ・ナーバ兄弟（ウルグワイ人）、トレーホ・デマリア等のクリオージョ作曲家達がサイネーテスの上演に大いに貢献した。

ウルグワイのナーバ兄弟は歌手でもあり、作曲家、劇作家でもあった。ウルグワイのビセンテ・ロシイは「ナーバ兄弟は作曲、歌手、劇作すべてにおいて当時の第一人者であった。とりわけアルトウーロは生涯の大半をブエノスで過ごし、アルゼンチンのオリジエーロ劇のために多くのタンゴやミロンガを残した」と書いている。

河一つへだてただけで黒人のオリジエーロたちの生活に各々特異性のある歴史が長い間に出来上った結果、モンテとブエノスのオリジエーロ劇は少しずつ異なっていた。そこでモンテとブエノスのクリオージョ作曲家はそれぞれの特徴を競った曲を作ったので、ミロンガやオリジエーロ劇の質は益々高まった。こうしてオリジエーロ劇はアポロ劇場の様な檜舞台に上ることが出来たのである。

タンゴを育てた街

発祥はモンテ、育てたのはブエノス

タンゴはアルゼンチンのブエノス・アイレスの場末で生まれたと、日本人だけでなくアルゼンチンの人もそう考えている。

既に述べて来たように、タンゴの言葉はアフリカ奴隷が新大陸に持ち込み、モンテのラ・アカデミアでその元祖であるミロンガが生まれ、ブエノスにおいてはオリジエーロの住んでいたモンセラー街にミロンガよりもう一つ前のタンゴであるカンドンベが流行した。ただし、ラ・アカデミアのミロンガやカンドンベは演奏して見ると現在のタンゴとは明らかに異なっている。現在のタンゴは「バルトロ」や「ドン・ファン」の流れを汲むメロディとリズムを持っている。やはりブエノスが現在のタンゴの発祥地なのであろうか。

一九八九年三月二三日付ブエノス・アイレスで発行された『クラリン紙』に一つの意見が掲載された。「タンゴの起源を求める」と題したその文は、パリ、ニューヨークでタンゴが流行し、映画、本等でタンゴが紹介されているが、ほとんど、タンゴがどこから来たかという点にふれていないという指摘に始まり、タンゴはアフリカ黒人奴隷が持って来た言葉と踊りであるなど、私がここで述べたのと同じ内容のことを解説している。さらに、ドラムとバンドネオンが一緒になった写真が提示されている。

この事実は近年までアルゼンチンでも、タンゴの起源についてあまり深く追求することなく、ブエノスで生まれた音楽であると、ずっと信じ込んでいたらしいことを思わせる。

そのように信じさせた理由は何か。

その前に次の事だけは、はっきりさせておかなければならない。

現在のタンゴは音楽的には一八九〇〜一九〇〇年頃にクリオージョが作曲したミロンガのメロディとリズムからの影響を強く受けている。そのミロンガはモンテビデオのラ・アカデミアから生まれたものを先祖としている。ラ・アカデミアの名前はモンテのモレナ(黒人女)、シスタの家に与えられたのがその始まりである。

従って厳密に言えば「タンゴの発生」はウルグワイのモンテビデオからとなる。田中氏は『ラ・プラタの黒人とタンゴ』で次のように書いている。「しかし…しかしである。それはあくまで生まれた、というだけのことで、育ったのは断然ブエノス・アイレスだ。なぜか？　というと、今まで書いてきたように、アルグレアベスのピアノ用タンゴをはじめ、ガルシア・ララーネ等、ブエノス生まれの作曲家によって現在弾かれている『タンゴ』の原形ができ上ったのであり、また、モンテビデオ人のクリオージョ作曲家たちも、ほとんどがブエノスに移ってきて、多くのタンゴを発表していることがそれを証明している。確かにモンテビデオにラ・アカデミアが出来て、ミロンガ・クラシカ・モンテビデアーナが生まれた。しかし、楽譜にして一人前に仕上げたのは、ブエノス・アイレスの人々なのである」。

歌詞からもブエノスに軍配

ミロンガは即興詩として歌われて来たので、初期の頃は正式な詩はなかった。一八八〇年頃の曲には全て歌詞が付けられていたが、多くは特定の人物を間接的に風刺したり、自分のことを語ったりする内容の詩であった。ただ、一部の詩は前述したようにあまりにも下品であったので、書き替えられて現在に至っている。

この詩がタンゴのブエノス発祥説と大いに関係がある。

タンゴの歌詩はやがてブエノスの特定の場所を舞台にするようになる。「エル・エントレリアーノ」の最初の詩をつくったのはアンヘル・ビジョルドで、ペピータ・アベジャネーダという女性(一九〇〇年以前に初めてタンゴを歌った人)について書かれているが、現在用いられている詩をかいたポルテニヨはこの曲に詩をつけた五人目で、その中にサン・テルモの地名が出て来る。

「ドン・ファン」は二人目のつくった詩の中でボカの名が出る。「エル・チョクロ」は作曲者のビジョルドが友人の売春宿の主人の頭の毛の色からヒントを得て作った詩を、ビジョルド自身が歌ったレコードが、一九一一年頃発売されている。現在の歌詞ではプエンテ、アリシーナの地名とバンドネオンなる言葉が出て来る。しかし「エル・チョクロ」が作曲された一九〇五年にはバンドネオンはまだタンゴの主役ではない。

現在のタンゴの歌詞にはこのようにブエノス・アイレスの街の名前や、この街をテーマにした曲が圧倒的に多い。その地名は、現在の有名な通り、ボカ、サンテルモ、バラカス、ヌエバ・ポンページャといった所である。

歌詞と関係はないが、タンゴを代表する名曲「ラ・クンパルシータ」はウルグワイ人の作曲である。しかし、もし、コンサートのプログラムでこの曲を、ウルグワイタンゴとしたら、大部分の人はアルゼンチンタンゴの間違いだと思うだろう。

タンゴの歌詞にブエノスの街の名前が次々と現われるのは、結局ブエノス・アイレス市民がタンゴを愛したからだとも言える。ボカの人がタンゴはボカで生まれたと断言するのは後述するように正確ではない。しかし「生みの親より育ての親」の方が愛情が深いものだ。

モンテでタンゴが生まれても、育ての親はブエノス・アイレス。しかも、ボカはオリジエーロの街と良く似た雰囲気を漂わせている場所なので、ボカの人だけでなくアルゼンチンの人がタンゴはボカで生まれたと言うのも無理のないことである。さらに名曲カミニートがそれに拍車をかけた。

ブエノスでタンゴの踊りのレッスンが流行

ミロンガ・イ・タンゴがタンゴに変わってもしばらく一般市民はミロンガとの区別がつかなかったが、劇場で演奏されたり、一般家庭で開くパーティで楽団が演奏したりする曲を聴いていると、オリジエーロ達のミロンガや街の隅で男同志で踊っている曲よりも、歌も曲も高尚なことに気付いて来た。クリオージョの作曲家の努力が実を結んで来たのである。

こうして誰もがいつも踊れるようになると、各所にタンゴの踊りを教えるレッスン場が出来た。ここはアカデミア・デ・タンゴと名付けられたが、既述のラ・アカデミアとは全く別のものである。

ダンスの先生はクリオージョか、イタリア人が主で、フロック・コート、またはモーニングを着込んだしかつめらしい格好をして生徒に接した。お弟子は良家の子弟であった。ペリングンデイネスやサロン等の売春婦の居るダンスホールも同時に繁盛していたが、こちらの方は前にも書いたように雰囲気も目的も全く異なり、一部の高級なサロンを除いて客もオリジエーロをはじめ下級船員で占められていた。アカデミア・デ・タンゴは純粋に健全なダンスの教習所であった。

モンテビデオにはこうしたタンゴの教習所は生まれなかった。その理由として、何といってもミロンガの生い立ちが知られすぎていたため、白人の社会には黒人の踊りといった差別的先入観が強すぎたことが考えられる。しかしヨーロッパで流行した後にはモンテの人もタンゴを習っている。

「カミニート」の作曲者として有名なファン・デ・デイオス・フィルベルトの父親、ファン・フィルベルトはタンゴダンサーの第一人者として知られた人であった。

タンゴ、欧州へ

黒人たちのものを白い手がヨーロッパへ紹介

十九世紀後半から一九四〇年ごろまで、アルゼンチンには閉鎖的な上流社会があった。彼等は由緒ある白人のクリオージョで、広大な農場を所有し、ブエノス・アイレスに住み社交に明け暮れていた。婦女子は毎年花の都パリを訪れ、朝から晩までおしゃれと演劇とダンスの日々を送るのが常であった。彼女たちがパリの人にタンゴを踊って見せた。

遠いアフリカから黒人奴隷のものとしてやってきたタンゴが、白い手によってヨーロッパに紹介されたのであった。ここに再びタンゴの循環現象が見られたのである。カディス人によって新大陸の音楽ハバネラがヨーロッパに初めて紹介されたのに続く二度目の循環である。

一九〇七年アルゼンチンの元大統領ロカがヨーロッパを訪問して帰国する際、ブラジルのリオデジャネーロに寄港した。同地で開かれた歓迎パーティでブラジルの婦人達がブラジルのフォルクローレをおどったので、そのお礼としてヨーロッパから帰国の途にあったアルゼンチンの娘達がタンゴを踊ってみせたと記録されている。

一九〇〇年に入ってからはすでにヨーロッパにタンゴが紹介される時代になっていた。

一九〇〇年初期のタンゴ

ブエノスの市民が習ったり、パリでアルゼンチンの上流婦人が踊ったタンゴとはどのような楽器で演奏された音楽だったのだろう。

バンドネオンについては、後で詳しく述べるが、ラプラタ地方にドイツから紹介されたのは一八七〇年頃で、その楽器の鍵盤の数は32個であった。その後、改良を重ね現在の71個のボタンの楽器に完成され、ブエノスの中心街でタンゴを弾くために使用されはじめたのは一九一〇年頃である。

ブエノスでレコードの吹込みが始まったのが一九〇三年頃で、その翌年にはプレーヤーとレコードが発売された。私の手元に、京都の吉田耕之佑、元神戸アルゼンチン総領事オラシオ・マルチネス両氏の御好意で、一九〇六～一九三〇年頃ブエノスで出されたタンゴのレコードの再生盤が何曲かある。

オスカル・ツチイによるとバンドネオンの音を初めてレコードに入れた会社はコロンビア・レコードで一九一一年と述べている。たしかに一九〇七～一〇年までのタンゴにはバンドネオンの音はない。一九一一年発売のコロンビア・レコードにオルケスタ・クリオージャの演奏が入っている。以後バンドネオンの入ったオルケスタの演奏が増えている。

私のもう一つの興味はアルフレッド・エウセビオ・ゴビが一九〇七年、アンヘル・ビジョルドと共にパリでタンゴを演奏していた頃の楽団編成である。一九一一年アルフレッド・ゴビはコロンビア・レコードに彼の楽団演奏でタンゴを二曲録音している。その一つの曲名は「ドン・ファン」でゴビが歌っている。もう一つの曲はゴビの奥さんであるフローラが歌った「ミロンギィート」である。この二曲の演奏は吹奏楽団である。しかしリズムはハバネラの形式となっている。

一九〇八～一〇年頃のレコードはピアノソロ、吹奏楽、マンドリン、ギター、バイオリン等によるタンゴの演奏並びに歌の伴奏である。バンドネオンのレコード吹込みが一九一一年であるとするツチイの説は正しい。

したがってパリにタンゴがはじめて紹介された頃の楽団は、前に述べたネグロ・クリオージョの楽団、すなわち管楽器による編成または、ギター、マンドリン、バイオリン、アルパ編成の楽団か、吹奏楽にバイオリン等が加わっていたものと想像される。ピアノはどうらやソロのようである。

オルケスタ・ティピカとは

現在のアルゼンチンタンゴを演奏する楽器編成はバンドネオン、バイオリン、コントラバス、ピアノが中心になっていて、オルケスタ・ティピカと名付けられている。この名付け親は名曲「ロドリゲス・ペニア」を作曲したバンドネオン奏者ビセンテ・グレコである。オルケスタ・ティピカとはタンゴを演奏するために作られた楽団のことである。

ビセンテが兄弟でギター奏者のドミンゴと共に作った楽団がオルケスタ・ティピカ・クリオージャであり、一九一一年「ロセンド」、「インセンディオ」をレコーディングしている。もう一人のバンドネオン奏者ファン・マグリオ楽団の初吹込みは一九一二年である。

これらの楽団の演奏は正直に言って実に下手である。とくにバンドネオンはひどい。単音のオルゴールが鳴っているようで個性も何もあったものではない。こんな楽団がパリに行ったのでは、ヨーロッパ人はタンゴの踊りには興味を示しても、音楽には見向きもしなかったのではないだろうか。

しかし、ピアノ、ギターはテクニック的には現在と比較しても見劣りはしないし、バイオリンも個性豊かである。バンドネオンが聴けるようになるのは二〇年代後半であり、やはりフランシスコ・カナロ楽団が登場するまでオルケスタ・ティピカはおそまつな楽団であったと言わねばならない。

こうした事情から推測すると、当時の白人社会で上品にタンゴを弾くにはピアノが一番ぴったりした楽器であった。アルゼンチンの上流階級の婦女子が、ピアノでタンゴを優雅に弾いて聴かせ、そして踊って見せたのが最初で、それによりアルゼンチンタンゴがパリ人に受け入れられ、ゴビやビジョルドがヨーロッパで演奏活動が出来るようになったのであろう。ピアノ用タンゴの楽譜の発表は歴史的な出来事と言わねばならない。

バンドネオンが音楽の性質を変えた

さらに付け加えるとすれば、一九一一年にコンセルチーナからバンドネオンに転じたエドアルド・アローラスの存在は大きい。

ラプラタ地方ではドイツ製コンセルチーナが普及していた。この楽器はもともとタンゴ以外の目的に使用されていたのだが、バンドネオンが伝わって来ると、ホセ・サンタ・クルスをはじめ、ビセンテ・グレコ、エドアルド・アローラス等のコンセルチーナ奏者がバンドネオンに転向してタンゴの楽団に加わった。はじめてバンドネオンに取り組んだ黒人セバスチアン・ラモス・メフイア等の筆舌につくし難い苦労については、第II部バンドネオン編で詳しく述べるが、バンドネオンが使用されることにより、タンゴという音楽の性格がその楽器がなかったころに較べて、大きく変化したのである。

これは一九一一年以前のレコードと、それより後に出たバンドネオンが入ったレコードに録音されている曲を聴けば、すぐ分かることである。このバンドネオンはすべてディアトニコと呼ばれる形式なので、ボタン式アコーディオンと全く共通点がない。それ故、アルゼンチンではアコーディオン奏者が同じ蛇腹であるバンドネオンに転向していない。

コンチネンタルタンゴのバンドネオンは、ディアトニコと瓜二つの型をしているがクロマティコと呼ばれる、実質的にはアコーディオンに属する楽器を弾いているので、アコーディオンと持ち変えて演奏することが容易である。コンチネンタルタンゴでは、アコーディオンで演奏しても良い楽譜にバンドネオンと名の付いているアコーディオンを用いて、音色だけに変化を持たせているにすぎない。アルゼンチンの場合には、ディアトニコという難解な楽器を使ったので、その特徴を生かす必要が生じ、タンゴの演奏スタイルが従来の場合と変わってしまうのである。

アローラスはタンゴのリズムに変化を与えた最初の人であった。彼は4分の2拍子の飛び跳ねるような当時のタンゴのリズムを8分の4拍子に変化させた。タンゴは4分の2拍子の記号が付いていてもゆっくりしたテンポに変わっていった。

ゴビの演奏活動

アルゼンチンタンゴは実にさまざまな音楽的要素を含んでいる。先にミロンガについて、そのメロディはグワヒーラ・フラメンカ、リズムはハバネラ、踊りはカンドンベを先祖に持つ舞曲であると述べたが、タンゴも当然それらの影響を受けている筈である。

実際タンゴの演奏に限って言えば、ギターのリズムはフラメンコ風であり、そのリズム感覚は中南米に広がっている民謡やカーニバルの音楽と共通している。日本ではタンゴとフォルクローレを区別しているが、アルゼンチンのピアニスト、ギタリストは両者を上手に弾きこなす。専門にして弾くかどうかの違いはあるにしても、フォルクローレを上手に弾けないギタリストはタンゴも下手である。要するに共通した音楽的な何物かをアルゼンチンの人は無意識に表現出来るのであろう。私はスペインのフラメンコのギタリストがタンゴを弾いても立派にこなせるのではないかと考えている。バイオリンにしても、その旋律や奏法にジプシーの音楽を彷彿とさせる場合が多い。歌にいたってはイタリアのカンツォーネであると言っても良い。フラメンコ的な歌い廻しはほとんどみられない。

一九〇九年録音「エル・ポルテニート」の歌アンヘル・ビジョルド、一九一一年録音「ドン・ファン」の歌アルフレッド・ゴビ、いずれもオペラを聞いているような歌いぶりである。ゴビは一九〇〇年にスペインにタンゴを紹介し、一九〇七年、ビジョルドと共にフランス公演を行なった。ゴビは七年近くもパリに留って演奏活動をしている。

ゴビは一九一三年に再びレコードを出しているが、この場合は前の吹奏楽団からギター、フルート、バンドネオンの編成に変わっていて、演奏スタイルも一九一一～二〇年代のバンドネオンの入った楽団と大同小異である。フランスの音楽の影響はほとんど受けていない、下手なブエノスのタンゴに変わっている。タンゴの表現にはギター、フルート、バイオリンそしてバンドネオンといった楽器が必要であった。フランスの影響は曲のタイトルにフランス語が現われたにすぎなかった。例えば、「コム・イル・フォー」のように。

ウルグワイに生まれ、ブエノスでギター奏者として演奏活動をはじめたゴビは、ミロンゲアールに属する音楽家と考えて良い。ミロンゲアールであるから吹奏楽のタンゴを捨てて、ラプラタ地方において培われた音楽を表現し得るスタイルに帰ったのである。

ブエノスのタンゴは、ロス・コラーレス・ビエホから

混血の舞曲

さてミロンガ、すなわちタンゴを、今日のような形式に作り上げて来た場所はどこか。タンゴは、

名曲「カミニート」で有名なブエノスの港町ボカ地区から生まれたという説がある。日本で発行されているアルゼンチンのガイドブックなどには、タンゴ発祥の地としてボカを紹介しているものも多い。しかしこの説には根拠がない。

モンテで生まれ、ブエノスで育ったタンゴの、ブエノスでの母なる場所はどこだったのか、探してみたい。

ここでタンゴという言葉をもう一度復習することにしよう。

タンゴはアフリカ西海岸にあるポルトガル領サントメ島から広まった言葉で、広い意味で「踊ること」を意味していたが、ある特定のダンスを指した言葉ではなかった。そのためアフリカからラプラタ植民地に連れて来られた黒人たちはカンドンベにも「タンゴ」の名を付け、一八〇〇年の初め頃には黒人のタンゴといえば、オリジエーロの踊り一般のことを指した言葉であり、ミロンガにもタンゴと名を付けている。しかしこの時代のタンゴは現代の曲とは違っている。

現代のタンゴに近いミロンガは、劇場でサイネテ・オリジエーロとともに演奏されるようになったもので、ミロンガ・イ・タンゴと言っていたのが、時が経つにつれてミロンガが省略されてタンゴと言われるようになった。

ブエノスでは黒人のタンゴはモンセラー地区、レテイーロ周辺で盛んであったが、これはそのあたりにたくさんの黒人が住んでいたからだ。その後、ミロンガはチーナの部屋、ペリングンデイネス等で育ってゆくのだが、昔のカンドンベ、ハバネラ、ミロンガと一八九〇年頃のミロンガや、ピアノ用タンゴとでは、リズムもメロディも明らかに違ったものになっている。この違いはタンゴ・アンダルースがヨーロッパから入って来た影響だけでは説明がつかない。

一九〇八～一〇年頃に吹込まれたレコードでタンゴを聞いてみると、演奏しているマンドリン、ギター、バイオリン等によるメロディやリズムの表現は独特な味があり、同時代に吹込まれている吹奏楽のタンゴは実に味気のない演奏で、ゴビが編成を変えた心情が理解出来るような気がするのである。ギターやバイオリンにはフォルクローレの香りが漂って、明らかに音楽の混血的要素が現われて来ている。

孤独にみちた草原のフォルクローレ

アンドレス・チナーロはアルゼンチンの草原、または南の住民達の踊りはグワヒーラと同じ種類であると述べている。このことはオリジエーロとは別に田舎でもミロンガが踊られていたことを物語っている。

アルゼンチンの文化は、ペルー、ボリビアからの南下、ラプラタ河からの上陸という二つの経路で伝わっている。

一六〇〇年代には現在のブエノス・アイレス州全域にヨーロッパの植民者が持込んだフロットーラやイベリア半島の民謡が広まり、ミロンガ、チャカレーラ、ペリコン、ビダリータ、マランボ、サンバ等各種の舞曲が生まれていた。これらの音楽はペオンと呼ばれる草原の牛飼い達の間に広まり、そして愛された。

ラプラタ地方にはスペイン征服者が持ち込んだ牛馬羊豚が大草原に繁殖したので、この地方に移り住んだスペイン征服者は二つの階層に分かれていた。前者は広大な土地と家畜を持つ大牧場主であり、後者は土地を所有出来ないまま、牧場の一隅を借りて僅かな家畜を飼育したり、馬の調教、牛の屠殺等の仕事に従事した。彼らは小さな小屋に住み、貧しかった。

ブエノス郊外にあるルハンを訪れると、アルゼンチン開拓の歴史博物館がある。牛の骨と皮だけで作った家具を見ると、人里はなれた大草原の生活がいかに特殊で単調なものであったかを想像することが出来る。同じ博物館にある大牧場主と思われる上流階級の豪華な生活とは対照的である。

貧しい人達の唯一の娯楽は歌と踊りであった。それは孤独で哀愁に満ちていた。貧しい田舎の人の多くは混血児である。ブエノスから南の地方で特にこの傾向が強かったのは、アルゼンチン開拓の歴史的背景による。

ブエノスの港は一六〇〇年の初めから長く閉鎖され、輸入は密貿易によるもので、黒人奴隷も最初は、英国人やポルトガル商人により、対岸のモンテから輸入されていた。正規のルートはパナマからペルー、ボリビアを経て南下したので、アルゼンチンはブエノスを除くと北から征服されていった。当時は未開インディオが各地に居て、スペイン入植者を襲ったが、北から征服され、一八八五年に南方チューブ地帯のインディオが征服され、大草原の脅威はなくなった。しかし南へ行くほど苦労は大きかった。

この様な理由からだろうか南のフォルクローレは北のものに比べると哀調を帯びたものが多い。

草原の家畜が集まる所

さて話を元に戻そう。今日のタンゴのメロディが形成された場所はどこか。

レティーロ周辺、モンセラー地区は黒人が多く住んでいたが、音楽的にはカンドンベの街であった。

タンゴ発祥の地とされているボカはどうか。一八八五年頃からイタリア系移民が多く住み着いたが、初期のタンゴを形成する音楽的な影響力としては遅い。オリジエーロの街と似ているが、一八八〇年頃のボカはブエノス市から離れた田園地帯であり、当時は人々の集まる所ではない。

バラカスはボカの北西に隣接した地区で、タンゴの歌詞にしばしば登場する名前である。もともとこの地区には何もなかった。現在の五月広場から南につづくサン・テルモ地区は植民地時代から高級住宅街であったが、一八八六年頃から始まった市の近代化に伴ってこの地の住民は北方に移住した。その頃からイタリア人を主としたヨーロッパ移民が到来し、空屋になった古い建物に雑居した。それでも住宅が不足したので、この地区の西南に隣接して急造のバラック住宅が建ち並んだ。そこでバラカス（バラック）の名が付いた。ここはボカと同様イタリア系移民の多い地区なので、二十世紀に入ってアルゼンチンタンゴの発展に大いに貢献している。

歌とか踊りとかを含めて大衆芸能と名の付くものは、大勢の人の集まる所、各地の産物が集まる所、そして、その地方の主な産業に関係する人が出入りする場所から生まれるのが普通である。アルゼンチンの主要産業は牧畜である。今でも、ブエノスでは牛の品評会が盛大に行なわれているが、動物の輸送手段は自動車であり、鉄道である。その前は大勢の牧童が牛馬の大群を移動させた。アメリカ映画「ロー・ハイド」と同じである。

ブエノスには牛馬の大屠殺場があり、アルゼンチン各地から牛を中心にした家畜が集まった。その屠殺処理はオリジエーロの仕事である。牛馬の売買に人が集まり、それらの人を目当に酒色を提供する店が立ち並んだことであろう。特に南から来た連中は牛を多く運んで来たが、インディオの襲来に備えて張りつめていた神経が一気に緩んで、ギターを弾き彼等の歌と踊りを披露する。相手をする女性は主として黒人女性である。この場所で日夜アフリカの血を引く舞曲と、遙かなるイベリア半島に郷愁を誘う草原の歌の交換が行なわれた事は容易に想像出来る。

オリジエーロが作り育てたミロンガはこの地に根を下し、新しい音楽的養分を吸収しながら、アルゼンチンのミロンガとして生まれ変わって行く。ある人はこの場所を、タンゴが生まれた所と言っている。

これがロス・コラーレス・ビエホと呼ばれた町である。プエンテ・アルシーナの北に位置するこの場所は、現在ヌエバ・ポンペイジヤと呼ばれる。一八八〇年代は市の中心から遠い田舎の小さな部落にすぎなかったが、ペリングンデイン等が建っていた。

ロス・コラーレス・ビエホでタンゴが一八八〇年に生まれたとする説は、アルゼンチンでは有力である。

オメロ・マンシイ作詞、アニバル・トロイロ作曲、タンゴ「スール」[*30]（南）は有名だが、この詩はどうやらロス・コラーレス・ビエホに関係があるようだ。哀調を帯びたメロディは特に印象的である。私は現代のタンゴに近いミロンガの基礎が作られたのが、この場所であると考えている。

タンゴの仕上げはイタリア移民

アフリカ大陸から奴隷と共に渡って来たという共通の起源を有するラテン・アメリカの音楽の中で、タンゴだけがヨーロッパ的である。同じカンドンベから分離したラテン・アメリカのカーニバルの音楽は陽気である。ブラジルのサンバはその代表であろう。

タンゴはカンドンベの発案者である黒人がほとんど居なくなったブエノス・アイレスで、主としてイタリア系移民によって継承され、育生された音楽と考えられる。その元祖であるオリジエーロのミロンガのメロディを構成するグワヒーラ・フラメンカが、広大な草原に暮す人々の影響を受けて、哀愁を含んだ落着いた形式になり、次に南部イタリアのメロディが陽気さを回復させるように働いた。リズムはハバネラから出発したが、アンダルシア特有のフラメンコ風の形式に流れ、踊りだけにアフリカ黒人の血を残しながら発育を続けて来た。その結果、イタリア人が多く住む地域からブエノスの音楽としてタンゴが広まったとされ、ボカ発祥説が定着してしまったのであろう。

しかし古い形式のミロンガまでは黒人が作りあげた事は動かぬ事実である。そしてボカでは牛の売買は行なわれず、イタリア人がこの地に住み着いたのは一八八〇年以後であった。また大衆の舞曲としてのミロンガがヨーロッパの影響を強く受けた場所は、黒人とヨーロッパ人が共に歌って踊れる場所であり、そのような機会を経てこそ古いミロンガの形式を変えることが出来たはずである。

以上の理由から、私は改めてロス・コラーレス・ビエホがその場所であると考える。

もう一つ、黒人はキューバの船員からいろいろな情報をもらっているから、港に近い場所から新しいミロンガが作られた可能性がある。確かに、タンゴ・アンダルースや、ジプシーの歌がタンゴとして港から伝わって来たが、海から来る音楽は直接そのものが来る。ハバネラもキューバから直接ラプラタ地方に来た時の踊りはテンポの速い形だったが、ヨーロッパに行ってパリでゆっくりした形式に変っている。また、ブエノス・アイレス港は長い間閉鎖され、一七七六年にスペイン船の入港を許し、一八〇九年に自由貿易を許している。そんなわけで船による交通は不自由であるし、第一ヨーロッパの船員が当時の帆船でのんびりとギターを弾いたりして、船の中から黒人のミロンガに影響を与える程の音楽が生まれるとはまず考えられない。

初期のタンゴに影響した音楽にワルツがある。それもペルーのリマで流行したテンポの速いワルツ

31 *Lopes Pereyra*
32 *Cap Polonio*
33 *Miguel A Camino*

である。この形式のものがラプラタ地方に紹介されて、ワルツ・クリオージョとなったが、この経路はどうやら陸路で伝わって来たようである。

最後に、タンゴとフォルクローレに共通点の多い事は既に述べた通りであるが、同じ曲がタンゴと3拍子のフォルクローレとして現われて来る。サルタの有名なサンバ「ロペス・ペレイラ」[*31]は8分の6拍子で書かれている。「カプ・ポロニオ」[*32]のタイトルで発表されたタンゴは、このサンバのメロディが8分の4拍子に変わった曲である。フォルクローレは容易にタンゴに変わり得る一つの証拠である。

ロス・コラーレス・ビエホを現在のタンゴの原形を生んだ場所として有名にしたのは、ミゲル・ア・カミノ[*33]の詩である。「タンゴはロス・コラーレス・ビエホで八〇年頃に生まれ、ミロンガの子である」。

一八八〇年当時のブエノス・アイレスの地図を見るとコラーレスの位置が一目瞭然である(地図)。

ミロンガからタンゴと名が変わり一流劇場で演奏されるようになったのは、オリジエーロのミロンガがヨーロッパから直接に来たタンゴ・アンダルース(ゆっくりしたテンポのハバネラ)から

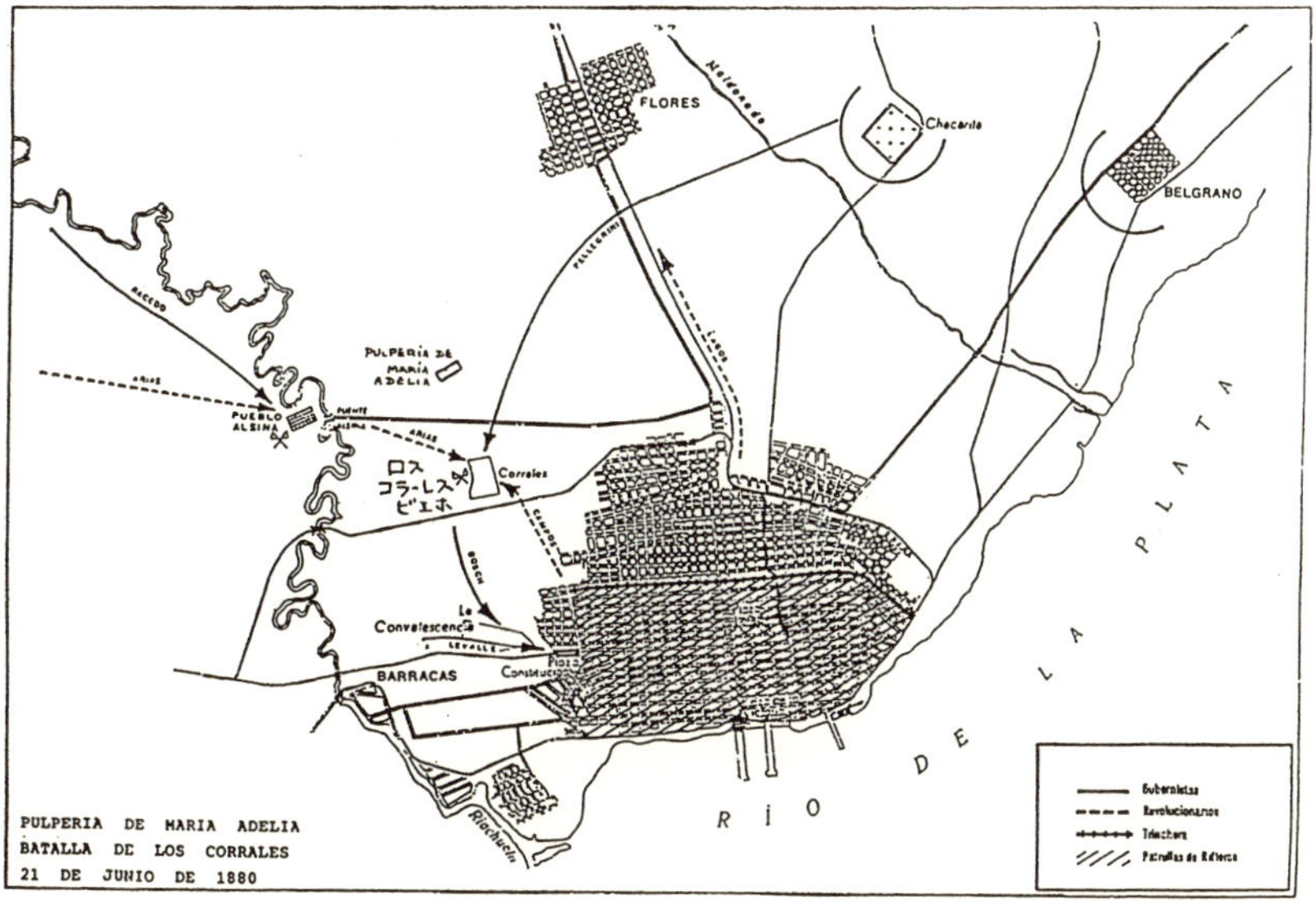

メロディの一部を吸収し、ロス・コラーレス・ビエホを中心にした場所で草原やブエノスから遠く離れた田舎のメロディとリズムに影響され、色街の中で音楽家達が次々と洗練された曲を作り出したからである。一方下町ではオルガニートがミロンガやタンゴのメロディを流して、人々の耳にこの音楽を吹き込んだ。さらに踊りは、音楽とリズムの変化に合わせてこちらの方も少しずつ変化していったものと考えられる。

二十世紀に入ってからはイタリア移民を中心にしたヨーロッパ系移民の手で、楽器の編成もオルケスタ・テイピカになり、音楽的にも舞踊としても、より完成されたものが作り出されるようになる。

タンゴと歌との関係

タンゴは歌の音楽であって、ダンスは邪魔な存在だと主張する人がある。しかし、私は、そうは思わない。

アルゼンチンにはカルロス・ガルデルという偉大なタンゴ歌手が出現し（一九三五年、航空機事故で死亡）、今でも人気はおとろえず、どこに行っても彼の肖像画を見ることが出来るし、ブエノスに在る彼の墓には毎日新しい花が捧げられている。我が国でも、彼の人気は絶大である。一部の人は彼を「タンゴの神様」と言う。ブエノス・アイレスの市民が今もタンゴを愛し、ガルデルを敬愛しているのがよくわかる。ガルデルの功績は自らギターを弾いてタンゴを歌い、歌としてのタンゴを世界に広めたことにある。

ブエノスのタンゴショウは三つのパターンで行なわれる。一つは楽団による曲だけの演奏、次は伴奏の方法はいろいろあっても歌手によるタンゴの歌、そしてタンゴの踊りである。

ここでタンゴの元祖のミロンガを思い返してみよう。チーナの部屋で即興詩（パジャーダー）とギター、チーナの集まりをミロンガと言った。ガルデルはタンゴの原点に返っただけなのだ。チーナの部屋では酒が入って踊りが加わり、ミロンゲアールが行なわれた。

タンゴはもともと大衆娯楽の音楽であり、高尚な音楽として発育したものではない。酒と女が加われば踊るようになっても当然であり、踊れないポピュラー音楽は決して世界的に広まらない。ランバダはもともとカンドンベであるが、踊りに特徴があるから、たちまち世界中にブームをまき起した。

次にメロディと歌の関係であるが、人は先にメロディを覚えるものである。歌詞がどんなに秀れていても、メロディが良くないと流行しない。日本の歌謡曲の場合でも「リンゴ追分」と言ったら先ずあの特徴のあるメロディが頭に浮かぶ。歌詞はその次である。たいていの人はメロディは知っていても、歌詞まで覚えていない。だからカラオケバーには部厚い歌詞の載った本が置いてあるのだ。

そこでガルデルの歌であるが、アルゼンチンの人にとっては、歌の内容が理解出来るのは当然だが、スペイン語を日常使っていない日本にファンが多いのは何故か。理由は明白である。ガルデルの歌が上手だから、人の心を魅了するのである。加えて、曲のメロディが美しい。だから意味が判らなくても良いのである。

タンゴは音楽的にはソナタ形式である。パジャーダーを先祖にしているから必ず歌がある。演奏だけでは歌のない歌謡曲になってしまうのだが、この形式の演奏が多い。しかし、もちろん歌の伴奏となると、編曲をするにしても歌詞の内容が判っているから、楽団と歌手の呼吸がピッタリ合っている。日本のタンゴ楽団と日本人のタンゴ歌手の場合には、楽団のほとんどがスペイン語を理解しきれないから、歌の伴奏はあまり得意ではない。歌のない歌謡曲の延長で伴奏するため、もう一つ呼吸が合っていないと言わなければならない。

反対にアルゼンチンの人が日本の歌謡曲をタンゴにすることがある。歌謡曲はあくまでも歌であるから、我々が聞くともう一つしっくりしない。お互に言葉の壁は厚いものである。

従ってあまり歌のタンゴに傾きすぎると、国際性がなくなってしまう。言葉の壁を越えたものが世界的に広まるものだ。歌詞がなくても聞いて楽しく、踊って良い音楽が流行するのが常である。

アルゼンチンタンゴが世界的に流行するのは歌が良いからではなく、一般にセクシーなダンスを前面に出した場合である。歌が流行したのは、映画の中で歌われるか、レコードでヒットした場合であるが、踊りが伴わないと一部のファンだけの間で流行する音楽に留まってしまう。

完成品はコンチネンタルタンゴ

不特定の人達の間にタンゴという音楽が広まったのは、コンチネンタルタンゴをヨーロッパの人達が作ったからだと考えている。このタンゴは、分かり易いメロディと踊り易いテンポを持ち、現在ではその演奏はオーケストラ編成の楽団で行なわれるので、アルゼンチンタンゴよりずっと音楽的である。

私はタンゴの完成された形式はコンチネンタルタンゴではないかと思っている。ヨーロッパの音楽家は、彼らが作ったタンゴだけでなく、アルゼンチンタンゴや、その他の音楽を独自のスタイルで見事に表現している。

ただし、ヨーロッパで生まれたこの楽団はバンドネオン・クロマティコというアルゼンチンでは決して使われていない楽器をバンドネオンとして世に広めてしまった。バンドネオンのアクセサリー化であるが、このことに関してはバンドネオンの項で詳しく述べることにする。

オーケストラによるコンチネンタルタンゴの演奏は、アルゼンチン人のタンゴをフォルクローレの地位に追いやってしまったと言っても過言ではない。

ヨーロッパの人はカディス人が新大陸より持ち帰った音楽からハバネラを作り出し、タンゴ・アンダルースの名でラプラタ地方に輸出したが、そのタンゴ・アンダルースの影響を受けて生まれたアルゼンチンタンゴと名の付いた音楽が再びヨーロッパに紹介されると、またもや新しいヨーロッパスタイルのタンゴに作り変えてしまった。タンゴの循環がここでも認められる。

白い手の人々によってヨーロッパに紹介されたタンゴはどのような運命をたどるのであろうか。

5　タンゴの奇蹟

ヨーロッパ人のアルゼンチン観

第一次世界大戦（一九一四～一八年）前の世界の文化、経済はヨーロッパが中心であった。経済はロンドン、文化はパリ、軍事的にはドイツ帝国の台頭が見られ、米国は第三勢力的な緒についたばかりであり、ましてラテン・アメリカの国々は、ヨーロッパ列強同士の争いとは全く関係がなかった。

この当時にはアルゼンチンの冷凍肉がヨーロッパに輸出され、小麦の輸出も伸び、政府もロンドン、パリ、ウィーン等の主な都市には大公使館を置いて、自国の認識の普及に精を出していた。

イタリアは一八七〇年頃にはサルディニア王国による統一がほぼ完成していた。サルディニアのカリアリにある町のサンタ・マリア・ボナリアが現在のブエノス・アイレスの名の起源になる位だから、イタリアとアルゼンチンの交流の歴史は古いが、ことに十九世紀後半から、サルディニア、シシリア、ナポリ等から多くの人が移民としてアルゼンチンに渡っている。イタリア系移民は、音楽、舞踊、大衆娯楽場、食料品といった仕事についた人が多く、タンゴの発展に大いに貢献している。

一方、一八八〇年頃からフランス、イギリスからの移民も事業として始まった。

しかし一般大衆の間では、アルゼンチンに対する認識はほとんどないに等しかった。「アルゼンチンには野蛮な土人がいて、人を捕えて焼いて喰べる」とか、「草原には大きなガマがいて、子どもが好物で、見つかると頭から丸のみにされる」などといった話が信じられていたので、移民を希望する家族が少なかった。ア国の大公使館が苦労して自国の宣伝をしてもアルゼンチンという名前すら頭に入れてもらえなかった。

それが「白い手の人々」によって紹介された「タンゴ」のために「アルゼンチン」がたちまち全ヨーロッパに知れ渡ってしまったのである。

パリ発・タンゴブーム

花のパリとアルゼンチンタンゴ

ヨーロッパ人の踊りは社交ダンスでも、各国に伝わる民俗舞踊にしても、男女が身体を離して上品に踊っていた。そこに旋律そのものが人の血を湧きたてるタンゴが現われた。踊りもピッタリと男女が身体をくっつけて踊る「コルテ」や「ケブラーダ」を取り入れた形式だから、アッと言う間に他の踊りを圧倒してしまった。

ゴビ等のアルゼンチン楽団の来欧に加えてレコードの普及により、一九一二年頃にはタンゴは上層階級の人々が行くミュージックホールでも堂々と「アルゼンチンタンゴ」と呼ばれて演奏され、パリ人の血を掻き立てた。

ダンスの教師は最初はブエノスでタンゴを覚えたイタリア、ポーランド、ロシアの人達であったが、やがてブエノスからクリオージョがタンゴを教えに海を渡ってやって来るようになった。

タンゴ服の流行

当時、ヨーロッパの女性は長いスカートを身に着け、歩いている時でも靴の先が見えなかった。上品なダンスは踊れても、これではタンゴは踊れない。そこでコルテやケブラーダが踊れるようなタンゴ・ルックと呼ばれる最新モードの服が生まれた。その服は昔のアルゼンチンのガウチョがはいていたチリバー（大きなオムツとスカートをミックスしたようなズボン）に似たスカートであった。タンゴはパリ女性の服装まで変えてしまったのだから、いかにそのブームが激しかったか理解できる。

花の都パリからタンゴはヨーロッパ全域に広がってゆく。

なぜ「タンゴ・ブーム」が起こったのか。当時のヨーロッパ情勢が緊張していて、戦争が近いことを一般民衆がそれとなく察知し、刹那的、享楽的になっていた。その時、タンゴという人間の情熱をむき出しにした踊りが現われたから、抑圧的な気分になっていたヨーロッパ人がこの音楽に飛びついたことは充分に考えられる。

過去の歴史は、時代が大きく変化する前には、刹那的な風潮が出現したことを伝えている。一九九〇年、東ヨーロッパの変化は、これも南米ブラジルから来たエロチックな踊りランバダを世界的に流行させている。

タンゴの道徳性の是非

ヨーロッパ全域にタンゴが広まると、当時の政治家、バチカンの神父、文化人達はびっくりした。

音楽に対してでなく、踊りのスタイルにである。

パリの新聞は連日タンゴの道徳性についての批判を載せ、反対、賛成の意見が紙面の上で大論争を演じた。一九一三年一〇月、フランスを代表する詩人ジャン・リショパンはタンゴの踊りを弁護する演説を行なっている。

このようにタンゴの踊りの道徳性についての賛否の論争はフランスでは果てしなく続いたのだが、一般民衆のタンゴブームには何の影響も与えていなかった。

パリ駐在アルゼンチン大使の声明

外国でこれほど問題にされているタンゴであったが、その当時、本国のアルゼンチンでは、既に一部の禁止令が出ていた。

一九一〇年、特定の場所でコルテとケブラーダを含めた踊りを禁止し、これは十年間続いている。そのためか、パリ駐在のアルゼンチン大使は、タンゴに反対する声明をロンドンとパリの新聞に発表した。

アルゼンチンという国を紹介するのに苦労している時、タンゴのブームが起こって、自国の名が知れ渡っている。しかもその舞曲は自分達の国の人々が育成したもの。本来なら喜んでアルゼンチン政府はタンゴの関係者に勲章でも贈ってしかるべきだが、世界中がまだ保守的な時代であった。ビートルズがナイトの称号を英国女王から与えられた現代とは雲泥の差があった。

大使の声明を要約すれば次のようになる。

「タンゴはブエノスの最下層の住民の踊りで、決して一般の人達がサロンで踊るためのものではない。しかも不道徳な雰囲気に満ちた場所で育成されて来たので、真面目な人々はそれを口にさえしない。パリではその舞曲がアルゼンチン・タンゴと呼ばれ、上層階級の人々が踊っている。この事実は我々の恥である」。

ここからタンゴはブエノスの場末の売春窟から生まれた舞曲であるとの風評が世界中に広まってしまった。

大使の声明に対して、前記のリショパンは、「ダンスの出所をさぐるのは、上流社会の人々の先祖を探るのと同じだ。ダンスの初めは何れも原始的なもので、貴族でも先祖は平民や海賊である場合もある。たとえ、タンゴが貧民窟から生まれたとしても、現在のタンゴとは何の関係もない。パリでタンゴが流行しているのは、アルゼンチンで長い間に成長して立派な舞曲になっているからだ。又、フランス人は良いか、悪いかを判断する目を持っている」と激しく反論した。

アルゼンチン大使の声明は、再びタンゴ・ブームがニューヨークやパリに生じた昨今、ブエノスの『クラリン紙』が一九八九年に掲載した前記の記事を思い浮かべると隔世の感がある。大使の声明によりパリでは、上流社会のパーティではタンゴを踊ることを少し控えるようになったが、一般大衆は例のタンゴ服を着て踊っていた。

しかし、ヨーロッパにも、タンゴ禁止の声が出はじめた。

各国の反応

ローマ法皇タンゴを見る

ローマのアルゼンチン大使は大いにアルゼンチンタンゴをローマの人々に紹介した。ところがパリやロンドンでタンゴが大流行すると、それぞれのカトリック司教から、タンゴは野蛮な踊りだから禁止してほしいとの嘆願がローマ法皇ピオ十世に集まっていた。そこでタンゴがローマでも流行しはじめると、法皇は「タンゴ禁止令」を出した。

もともとベニスの踊りが家元で、イタリア系移民が育成している舞曲だから、イタリア人はすっかりタンゴが気に入って、貴族から下町のゴロツキまで、一人として禁止令を守る者はいなかった。そこで法皇は上から下まで熱狂するタンゴには、パリやロンドンの司教の報告と違った何物かがあるに相異ないと考え、バチカン宮殿にタンゴを踊る一組を招いておどらせ、実地見聞に及んだ。

その結果、「もう少しおとなしいベニスの踊りの方が良いと思うが、今の若い者にはタンゴが向いているのかも知れない」と語り、禁止令を解いてしまった。

法皇はベニス生まれである。タンゴの中に、彼が若い頃に踊ったベニスのおどりの片鱗を汲みとったのであろうか。何れにせよ、イタリア人がタンゴを受け入れてしまったのは、流石《さすが》である。

ドイツの場合

ドイツはカイゼル皇帝が絶対的な存在として君臨していた時代に、タンゴが入って来た。真先に軍人パーティの席上で流行したから、カイゼルは「このような軟弱な踊りが流行しては、ドイツ国軍の士気に影響する」との理由でタンゴを禁止した。しかし、モルトケ陸軍参謀総長までが、パーティでタンゴを踊り、「カイゼルの命令」は無視されるのが常であった。

オーストリアの禁止令

当時オーストリア・ハンガリー帝国は強大な国家で、主都ウィーンは世界的な音楽首都であり、パリと同じく文化の都であった。

音楽の都ウィーンに、タンゴはパリと同じ時期に流行した。ウィーンのワルツを踊りの一部に入れてしまっているタンゴは、アッという間に、この音楽の都に広まった。

そこで皇帝フランツ・ヨゼフ一世は「タンゴ禁止令」を出したが、高い地位にある軍人が軍服をぬいで踊る位にまで流行したので、禁止令は効を奏さなかった。

北米ではタンゴで裁判

アメリカ合衆国ニューヨークの社交界では、一九〇〇年代のはじめ、ジャズが流行する前にタンゴが大流行した。

北米全域には、ブエノスからの直輸入でなく、フランスで洗練されたパリ式アルゼンチン・タンゴがニューヨーク経由で広まった。

その頃、オハイオ州に住むダンス教師が「市民にタンゴという不道徳な踊りを教えた」容疑で起訴され、「タンゴはワイセツな踊りや否や」で裁判にまで発展した。結果は、「タンゴは異国情緒にあふれた立派な舞曲である」と判決され、この教師は無罪となった。

社交ダンスのタンゴはイギリス生まれ

当時のイギリスは世界一の大国で軍時的、経済的に他の国を圧していた。十九世紀後半、この国の資本家はアルゼンチンに目を向け、鉄道、冷凍肉処理工場をはじめ、各分野に大量の資本を投下し、技術を提供し、その結果、アルゼンチンは大発展の途上にあった。イギリスにとって、アルゼンチンは、政治、経済の両面にわたって大切な国であったためか、他の国々と違ってタンゴに対して、マスコミをはじめとする各分野は好意的であった。

駐仏アルゼンチン大使の声明に対してもロンドンの新聞は次のように反論している。「大使の言うように、ブエノスのタンゴが下品だとすれば、それは現在ロンドンで踊られている形式とは大きな違いがあるはずである。そうでなければ、イギリスでは王室をはじめ、貴族、一般民衆までタンゴを踊るはずがない」。

英国人は実に見事に、冷静で、常識的な方法でタンゴブームに対応した。

先ず王室である。一九一三年、英国王室は王立劇場に貴族、政治家、学者、宗教家、一般市民代表等総勢七百五十二人を招集して、「タンゴに関する審議会」を開き、タンゴの踊りを見せた後、タンゴの賛否の投票を行った。反対二十一人で「タンゴは健全な踊りである」と結論を出した。

次に舞踊界の対応である。イギリス人はタンゴの踊りをイギリス式に変化させた。

お茶のパーティ用のタンゴ、晩餐会の席上で踊るタンゴ、コンクール用タンゴ等々の新しい、時と場所にふさわしいタンゴを考案し、有名なホテルのサロンで新作発表会を行なった。

今日の社交ダンスで踊られているタンゴは、イギリスで作られたのがはじまりである。

イギリス人はタンゴを冷静に受け止めるように心がけている。一九一三年七月九日、アルゼンチン独立記念日に開かれた、アルゼンチン大使会におけるパーティでは、ロンドンの名士が生演奏でタンゴを踊って、大きな評判を得ている。

また、高級雑誌は上流階級の人々がタンゴを踊っている様子を写真で特集する一方、タンゴの楽団も登場させ、ピアニストが黒人のクリオージョであることをも伝えている。

この様にイギリスはアルゼンチンを刺激しないように、ブエノスにおけるタンゴの実態を示している。しかし、その後アルゼンチンの楽団が活躍するのはパリであってロンドンではない。イギリスは受け入れたが敬遠している。第一次世界大戦中にも、一時の休戦時に、フランス軍陣地からタンゴの唄が拍子をとりながら流れて来ると、ドイツ軍兵士が歓声をあげて拍手をしたと伝えられている。

フランシスコ・カナロの登場

こうしたヨーロッパにおける「タンゴの奇蹟」を作ったアルゼンチンは、ヨーロッパ化された「タンゴ」を再び輸入する。この時、フランス語のタンゴが生まれた。「コム・イル・フォー」、「アパッシュ・アルヘンティーノ」、「シャンペン・タンゴ」等である。

その頃、ブエノスのタンゴはボカを中心にサン・テルモ、バラカスといった地区に住む人々の音楽に変わりつつあった。

ヨーロッパから戻って来たタンゴはこうした地区の住民たちによって現代のアルゼンチンタンゴとして生み出され、再び全世界に紹介された。

オルゴールのような単調なメロディしか弾けなかったバンドネオンは一九二〇年代に入ると個性的

な奏法を身につけ、テクニックも向上して来た。一九二五年、フランシスコ・カナロは、自分のオルケスタ・テイピカとダンサーを率いてパリ公演を皮切りに、ヨーロッパ各国、北米を廻り大成功をおさめた。また、歌手カルロス・ガルデルの登場、加えてレコードの普及は、タンゴという音楽を踊りだけでなく、聞く音楽の方向に進ませ、もはやタンゴは、ブエノス・アイレスだけの音楽ではなくなってしまった。

長々と書いて来たが、現在黒人がほとんど住んでいないアルゼンチンとウルグワイに、アフリカから奴隷として連れて来られた黒人の言葉タンゴが残ったのも一つの奇蹟であると考えている。

タンゴを人の歴史にたとえると次のようなものであろう。「アフリカ生まれの母親とヨーロッパ人を父にして女の子が一人モンテビデオで生まれた。アルゼンチンで育ったが、大きくなるにつれて美人になり、踊り好きで浮気っぽくなったので、パリ、ローマ、ウィーン、ロンドン、ベルリン等に留学して花嫁修業をした後ブエノスに帰り、ボカのイタリア人と結婚して、アルゼンチンタンゴ夫人と呼ばれている」。

最近は遠い親戚からランバダと名乗る子どもが有名になり、少し気をもんでいる。

第II部　バンドネオン

1　バンドネオン・ディアトニコという楽器

二つのバンドネオン

一つの名称に二種類の奏法!?

バンドネオンは、アルゼンチンタンゴの演奏に欠かすことの出来ない楽器である。そして欧州タンゴの楽団にもしばしば登場する。

タンゴ楽団にとってバンドネオンは、やっかいな主役である。これほど弾き手と聴衆を欺いてきた楽器も珍しい。それは今だに解消されていない。バンドネオン奏者がその欺瞞に気付かなかったくらいだから、まして他の楽器にたずさわる音楽家達は完全に騙されてきた。作曲家からは不遇であった。今日でもタンゴとあまりかかわりのない音楽家の編曲は、ことバンドネオンに関する限り、たとえその人が一流であっても、正当なバンドネオン奏者を困惑させているのである。

ふつう、一つの楽器は同じ構造で呼び名も一つである。フルートは上手下手は別にして、誰が吹いても奏法は決まっている。ピアノは左から右に半音ずつ高く鍵盤が並んでいる。絃楽器は絃が細くなり、また短かくなると音程は上昇する。

ハーモニカは穴に空気を吹き込んだ時と吸い出した時とで異なる音が出るが、低音から高音に移る場合、吹いたり吸ったりしながら左から右に音は法則に従って高くなって行くので、演奏はそれに従って空気を出し入れすれば良い。ディアトニック・アコーディオンも同様の原理で奏せられる楽器である。

ところがこの世に外見は全く同じで、同一の名称を持ちながら、演奏方法の完全に異なる楽器があるのを御存じであろうか。

私の知る限りではバンドネオンただ一つである。

戦前から戦後のある時期まで、日本のバンドネオン奏者の大部分が一つのタイプのバンドネオンをもっていた。そして、自分達が使っている楽器と外見は同じであるが、奏法が全く異なっていて、どの様に弾いたらよいのか判断に苦しまねばならないもう一つのバンドネオンがあった。当然のことのように、こちらのバンドネオンに対する認識は薄かった。それは当時のバンドネオン奏者が、自分達の楽器が正当であると信じていたからであろう。

しかし、後述するように、これはたいへん残念なことである。この二つのバンドネオンを正当に評価できなかったために、日本のタンゴ楽団はアルゼンチンタンゴ演奏のうえで、大きなあやまりをおかしづつけることになるのである。

アクセサリーとして使用されたバンドネオン

第二次大戦が終り、焼跡から立ち直った人々の娯楽は音楽、それも軽音楽と歌謡曲が中心であった。焼残りの劇場や学校の講堂で歌謡ショウが催され、やがてダンスが流行し、東京、大阪等の都会にダンス・ホールやキャバレーが次々とオープンしていった。米軍の持って来たジャズは最新の音楽であったが、昔懐かしいタンゴバンドも次から次へと誕生した。どのタンゴ楽団もバンドネオンを揃えるのに懸命になっていた。二人から三人のバンドネオン奏者はタンゴ楽団の花形であり、高給で迎えられた。ダンスホールの経営者がこの楽器を要求したから当然の成り行きであった。その一方で、同じ形をしたバンドネオンを持ちながら、奏法がちがうためたどたどしい演奏を余儀なくされている人が幾人かいた。

隣のバンドネオン奏者が両手を使ってのびのびと弾いている姿に比べてみじめであった。蛇腹を開いても閉じても、音の高低の移動に全く法則のないボタンの配列。したがって開いた時の音階を暗記するのがせいいっぱい。その弱々しい演奏は自分の楽器に対する自信喪失の現われであり、売っても一つのバンドネオンに変わりたくとも買手も金もなし。ただ救いは、聞き手に区別がついていないこと、バンドネオンのブームで弾けなくても並んでいるだけで、ある程度の収入を得ることが可能な時代であったということである。それでも何人かはかなり弾きこなせる様になっていた。私がこのやっかいなバンドネオンをはじめて手にしたのは一九四八(昭和二十三)年の初夏である。

当時タンゴバンドはアコーディオンに代わる楽器、或いはその脇役としてバンドネオンを加えることにより格が上がり、それにつれて収入も増えた。バンドネオンはタンゴの演奏に必要だから導入されたのではなく、楽団のアクセサリーとして用いられた。アコーディオンで充分間に合うメロディをバンドネオンが演奏し、逆にアコーディオン奏者はバンドネオンに似せた演奏を行なった。

このことはアコーディオン奏者にとっても不幸な出来事であった。アルゼンチンタンゴの歴史にはアコーディオンはほとんど登場しなかったから、奇妙なタンゴが演奏されていた。そしてもう一つ不思議な事が日本ではまかり通っていた。アルゼンチンの楽団と外観は同じでも、全く違った楽団がタンゴを演奏し、オルケスタ・テイピカとして立派に通用していたことである。

クロマティコとディアトニコ

アルゼンチンで出版されている『タンゴの歴史』第五巻、「タンゴにおけるバンドネオン」(オスカル・ツチイ著)には次の様な説明がある。「バンドネオンにはクロマティコと、ディアトニコの二種類があり、クロマティコはヨーロッパで使用され、日本においてさえ、アルゼンチンのバンドネオン奏者が訪れる迄、根拠なく使用されてきたのであった。ディアトニコは、アルゼンチンのタンゴの演奏に最も適した楽器であり、蛇腹の開閉により、和音を色々と作り出して来たのであり、この演奏はアルゼンチンの音楽家が創り出した輝ける資産である」。

アルゼンチンからタンゴ楽団がはじめて来日したのは、一九五四(昭和二十九)年、ファン・カナロ楽団であった。それより前、オルケスタ・テイピカ東京の早川真平がはじめてアルゼンチン公演を行なったのは、一九五三年の八月である。これらの事実とオスカル・ツチイの記述から、日本を代表していたタンゴ楽団のバンドネオン奏者は、クロマティコを使用していたことがわかる。

バンドネオン・クロマティコとはどのような楽器なのか。そしてツチイが言うアルゼンチンタンゴの演奏に最も適したバンドネオン・ディアトニコとは何か。

前述したように、戦前から日本で使われて来たバンドネオンと外見は全く同じであるが、奏法がいちじるしく異なっているもう一つのバンドネオンが、アルゼンチンタンゴの演奏に最適のバンドネオン・ディアトニコであるのだ。バンドネオンは、空気を送って、金属のリードを震動させて音を出す楽器であり、アコーディオン、オルガンと同じ原理の楽器に属する。その構造についてこれから説明することにしよう。

複雑な構造を持つバンドネオン

外部の構造

左は、バンドネオンの写真である。バンドネオン・ディアトニコ（以下バン・ディアと略）とバンドネオン・クロマティコ（以下バン・クロと略）はこれから説明するリードの配列を除いては全く同じ構造になっている。したがって目の前に楽器があっても、バン・ディアかバン・クロかは弾いてみないと、プロの奏者でも見ただけでは区別がつかない。ましてこの楽器に対する知識のない人には、たとえ目の前で演奏されていても、両者の違いを見分けるのは困難であろう。

バンドネオン・ディアトニコ

図1を見て頂きたい。上は、蛇腹を全開にしたバンドネオンを上面から見た図、中は蛇腹半開で上前方より、下は蛇腹を縮めた正面図である。奏者はこの楽器を後から両手で支えて弾くから、バンを演奏している正面からでは図の様に見える。

外側の名称は次の通りである。

左右のAの部分は共鳴板と呼び、材料は木材で、前方にボタンを通す丸い穴がある。右共鳴板の中央には長さ12㎝、高さ２㎝、巾２㎝位

図1

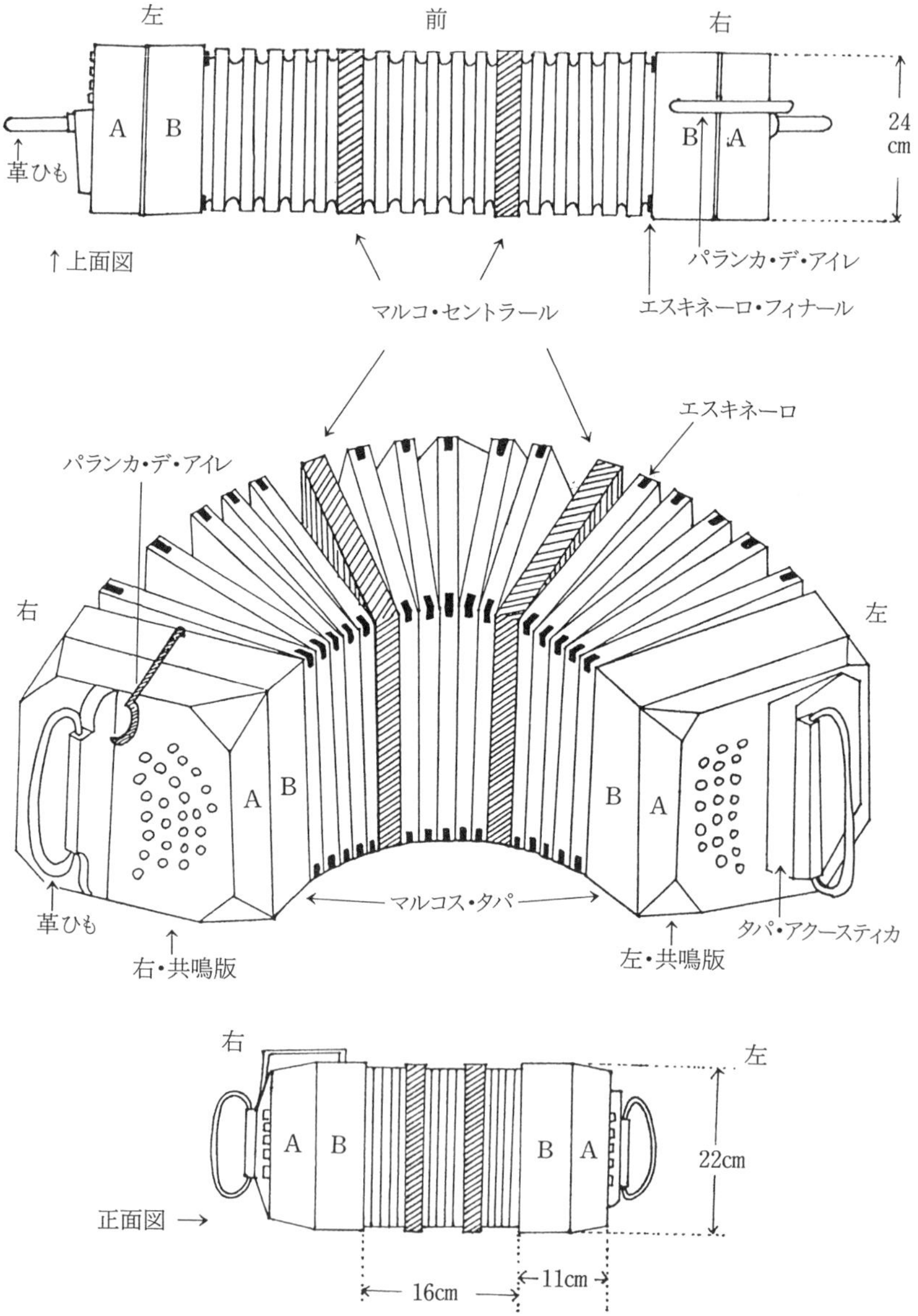
左
前
右
A
B
B
A
24
cm
革ひも
↑上面図
パランカ・デ・アイレ
マルコ・セントラール
エスキネーロ・フィナール
エスキネーロ
パランカ・デ・アイレ
右
左
A
B
B
A
革ひも
マルコス・タパ
右・共鳴版
左・共鳴版
タパ・アクースティカ
右
左
A
B
B
A
22cm
正面図 →
16cm
11cm

の木片が縦に付いていて、革紐がその木片の上端から下端にかけられている。この木の部分に手のひらを当てて、親指を革の上に出し、残り4本の指を革紐の中を通してボタンを操作する。革紐は手背から演奏する手を固定する。

左共鳴板の後半分は少し盛り上って中部は空洞になっている。ここをタパ・アクースティカと呼ぶ。この上に右と同じく革紐と、それが付いている木片が固定されている。前方のボタンの穴が空いているのは右と同じである。Bをマルコス・タパといい、共鳴板と中央の蛇腹に固定されている。右のマルコス・タパ上面中央から、金属性の挺子が側面の革紐前方に曲って付いている。これをパランカ・デ・アイレと呼ぶ。これを押えると、右マルコス・タパの後壁から蛇腹に溜った空気が抜ける。

A・Bの高さは22㎝、Bの前後の長さは24㎝、A・Bを合わせた横の長さは11㎝であり、左右とも同じ長さである。

蛇腹を完全に閉じた時の長さは16㎝、最大限に広げると65㎝くらいまで伸展する。

蛇腹はボール紙で作られ外側は補強されている。その折目は17であるが、左右のBから、それぞれ6つ目の折目は巾が広く丈夫に作られ、この部分をマルコ・セントラールと呼ぶ。したがって2つのマルコ・セントラールの間と、左右のBの間の折目は5個ずつに分けられる。全ての蛇腹外側の角には、エスキネーロと呼ぶ金具が角を痛めないように取り付けられてあり、蛇腹内側の谷間になった角の壁には、激しい伸縮操作に耐えられるように羊の革が張られている。

A・Bの下面を除いた外面には、真珠母貝の模様が埋め込まれている場合をナカラードと呼び、無地をリーソと呼ぶ。ボディの色は黒、茶色が普通で、赤、青、黄、白もたまには見かける。

総重量は約6㎏である。

Bと蛇腹は固定されたままであるが、Aの共鳴板とBのマルコス・タパは、右4本、左3本のネジで固定されているから、ネジを外して、Aの共鳴板だけを取りはずすことが出来る。

右共鳴板外側前方には、38個のボタンが共鳴板に空けられている丸い穴の下から出て並んでいる。左共鳴板では33個のボタンが並んでいる。ボタンの総数は71個である(図2)。

内部の構造

次に内部構造を調べてみよう。

右共鳴板外側を上にして蛇腹が下に来るように楽器を置いて、四隅のネジを外して共鳴板を持ち上げるようにしてとりはずすと、共鳴板とマルコス・タパの間を仕切るようにして、「タパ・アルモニカ」と呼ばれる板がマルコス・タパの上に乗っている。ここにはボタンが取り付けられているほか、バンドネオンの音を作り出す数々の装置が取り付けられている楽器の心臓にあたる所である。

左共鳴板は3本のネジを外すと、右側と同じように取りはずすことが出来、その内側に左のタパ・アルモニカが現われる。

右側のタパ・アルモニカの音を出す箇所をカントス、左側のそれをバホスと呼ぶ。右のタパ・アルモニカは上方にボタンが並び、後方に、ボタンの数だけ長方形の穴が3列に整然と並んである。

ボタンは細い木の心棒の上に取り付けてあり、その反対側の端は「サパテイジャ」と呼ぶ長方形の蓋につながっている。サパテイジャはそれぞれのボタンの音に相当する穴を、上からバネの力で押えて塞いでいる。ボタンを押えると、サパテイジャが持ち上り、穴との間に隙間が生じ、蛇腹の動きで空気が穴を出入りして、穴の反対側、言い換えればタパ・アルモニカの内側に付いているリードが震

図2

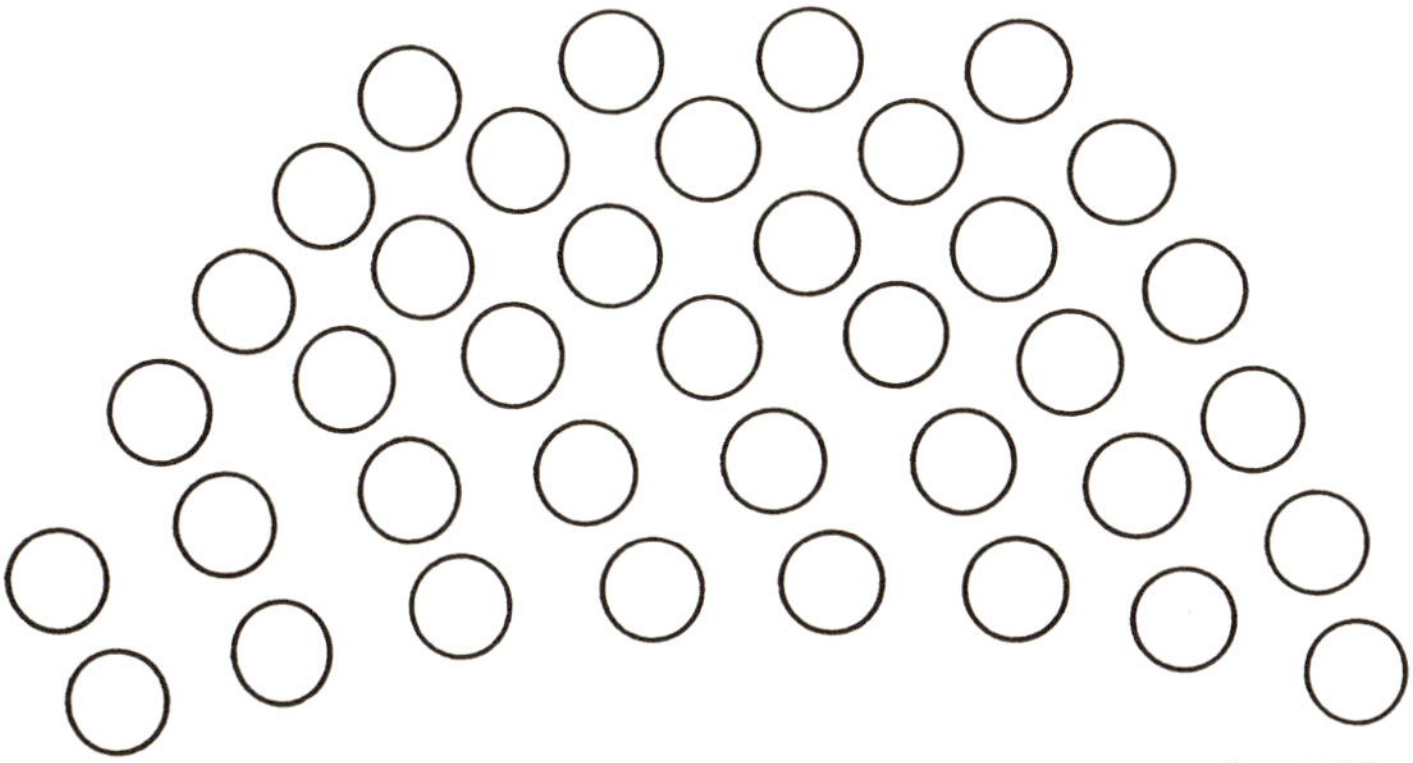

右－38個

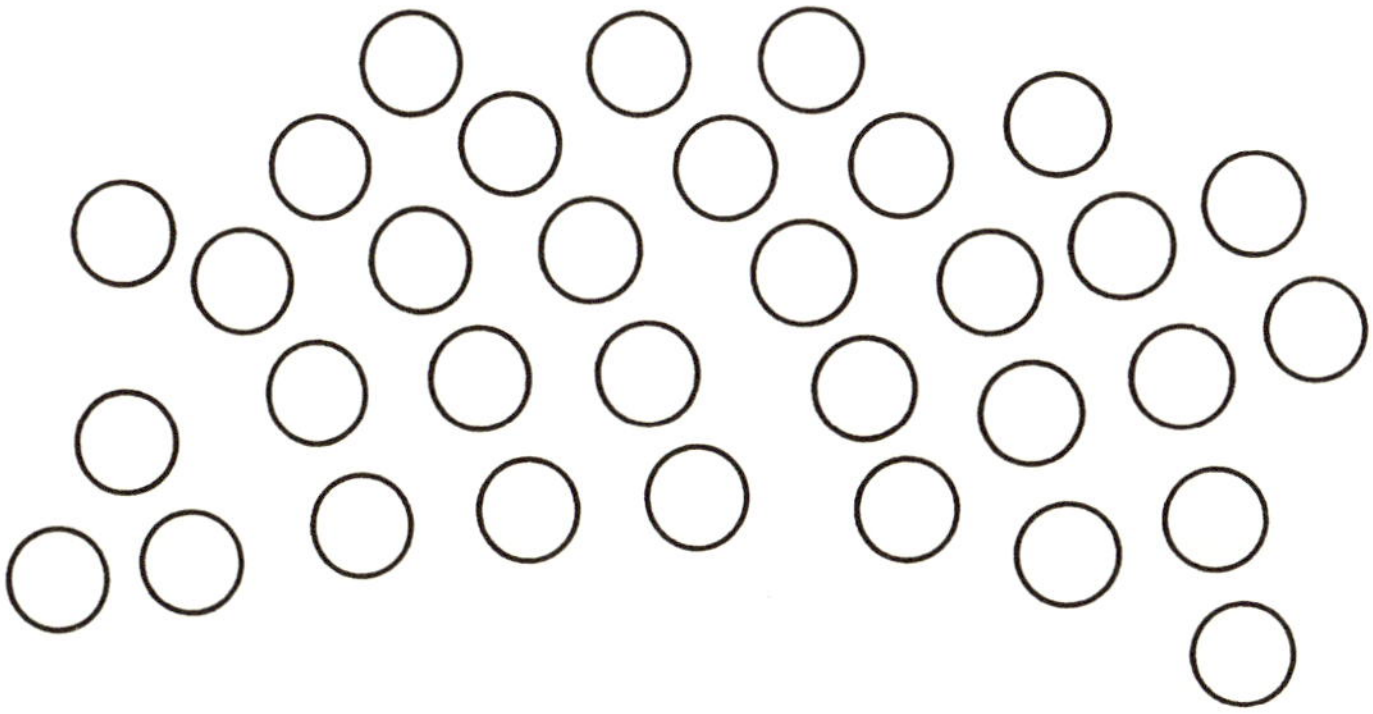

左－33個

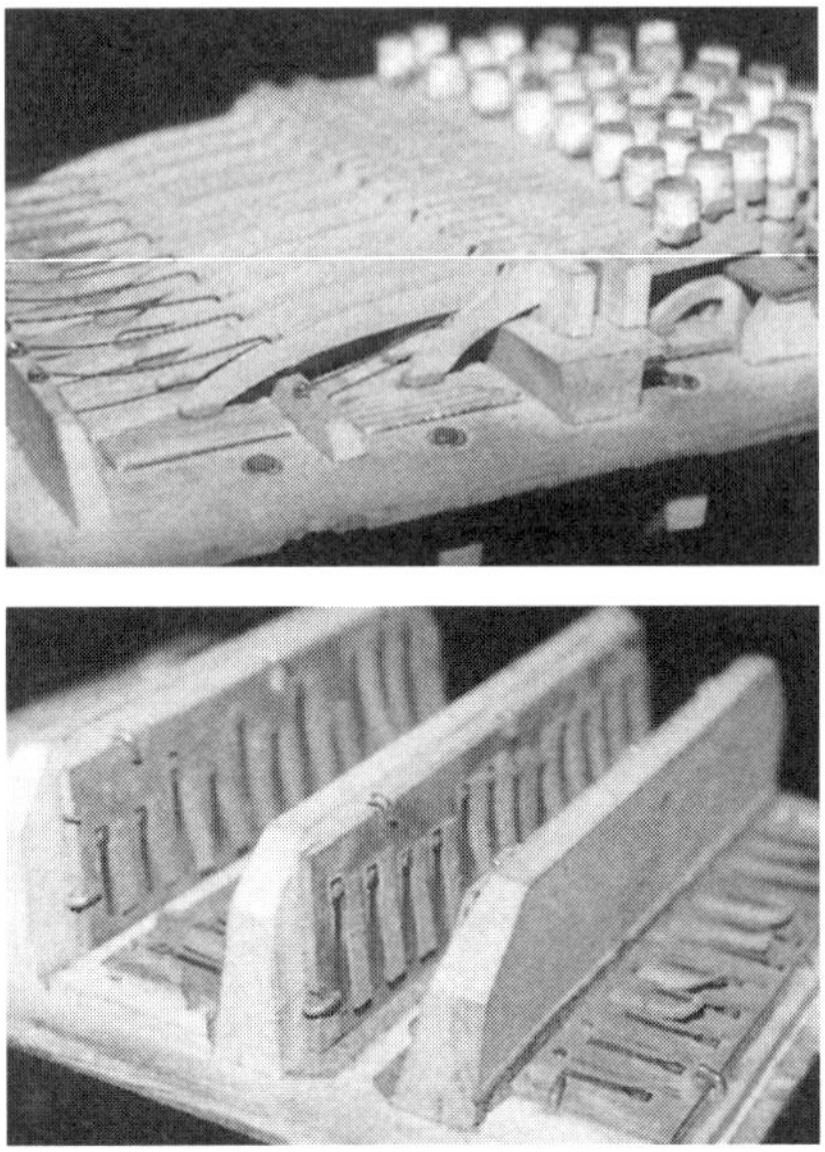

タパ・アルモニカの内部(上)とその裏側(下)

動して音が出る。

タパ・アルモニカの上にある心棒とサパテイジャを取り除いて、ボタンと音の出る穴の関係を示したのが図3である。ボタンの上の記号と数字は、下の穴のそれと一致している。

次にタパ・アルモニカの裏側の構造を示したのが図4の略図である。

この場合はタパ・アルモニカの表側と左右が反対になる。サパテイジャが塞いでいる長方形の穴の裏にリードがある。リードは金属性のペイネと呼ばれる板にあけられた長方形の穴の両側に固定されている。カントスのペイネは8枚である。うち6枚は大きく、その3枚は、3個のカバジエーテと呼ばれる巾の狭い鞍状の木の隆起物に接してタパ・アルモニカに水平に、3枚はカバジエーテに垂直に密着した状態で固定されている。2枚の小さいペイネは前方左右の隅、表側の15・16、17・18の数字のある穴の裏に相当する位置にタパ・アルモニカに水平に固定されている。

左のタパ・アルモニカのボタンとそれに相当するサパテイジャが塞いでいる穴との関係は図5の通りである。

バホス(左)のペイネは6枚で、3個のカバジエーテの両側に、2枚ずつ寄りかかっているように、ほぼ垂直に固定されている。

図3

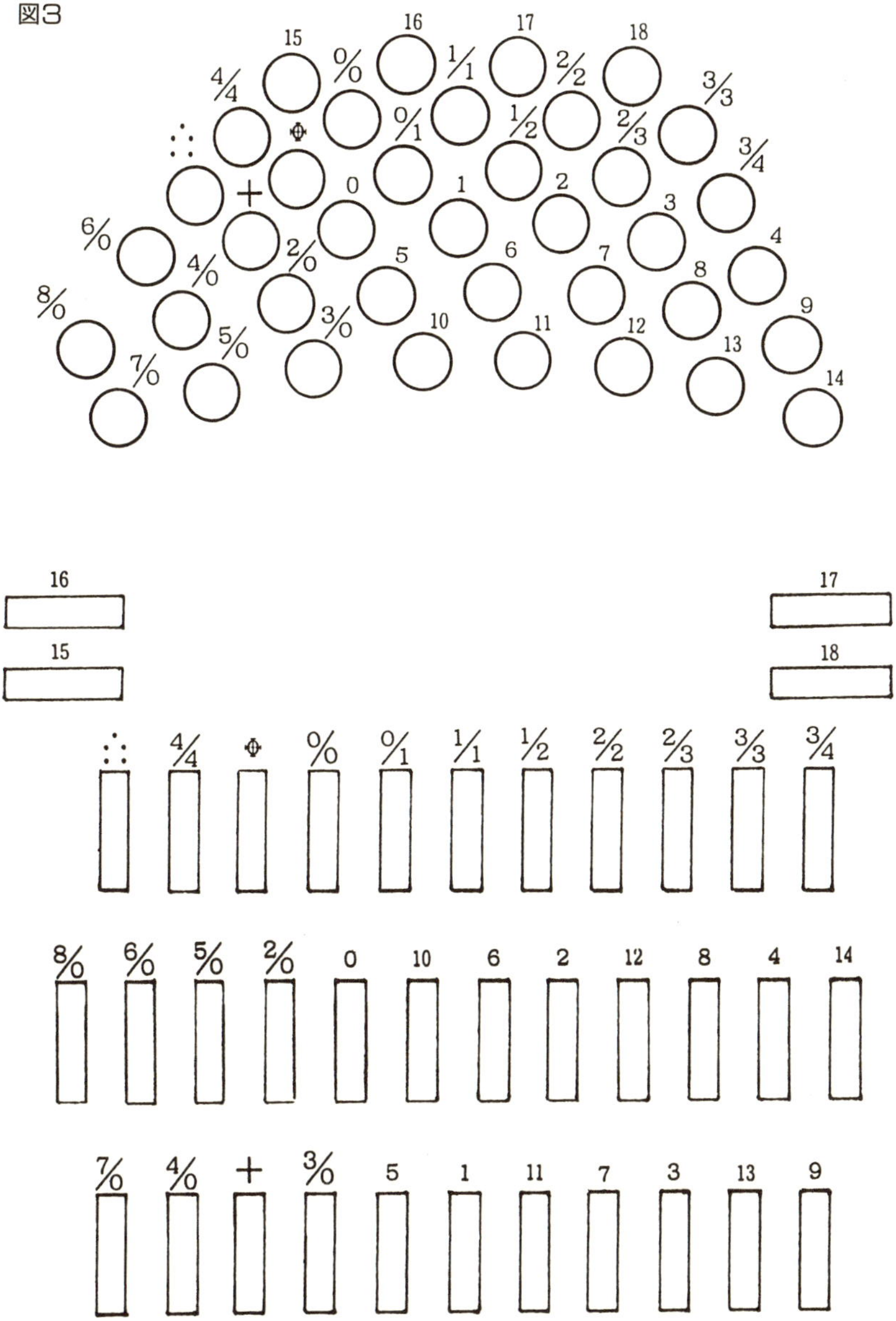
16
15
17
18
∴ 4/4 Φ 0/0 0/1 1/1 1/2 2/2 2/3 3/3 3/4
8/0 6/0 5/0 2/0 0 10 6 2 12 8 4 14
7/0 4/0 + 3/0 5 1 11 7 3 13 9

図4　タパ・アルモニカの裏側（右＝カントス）

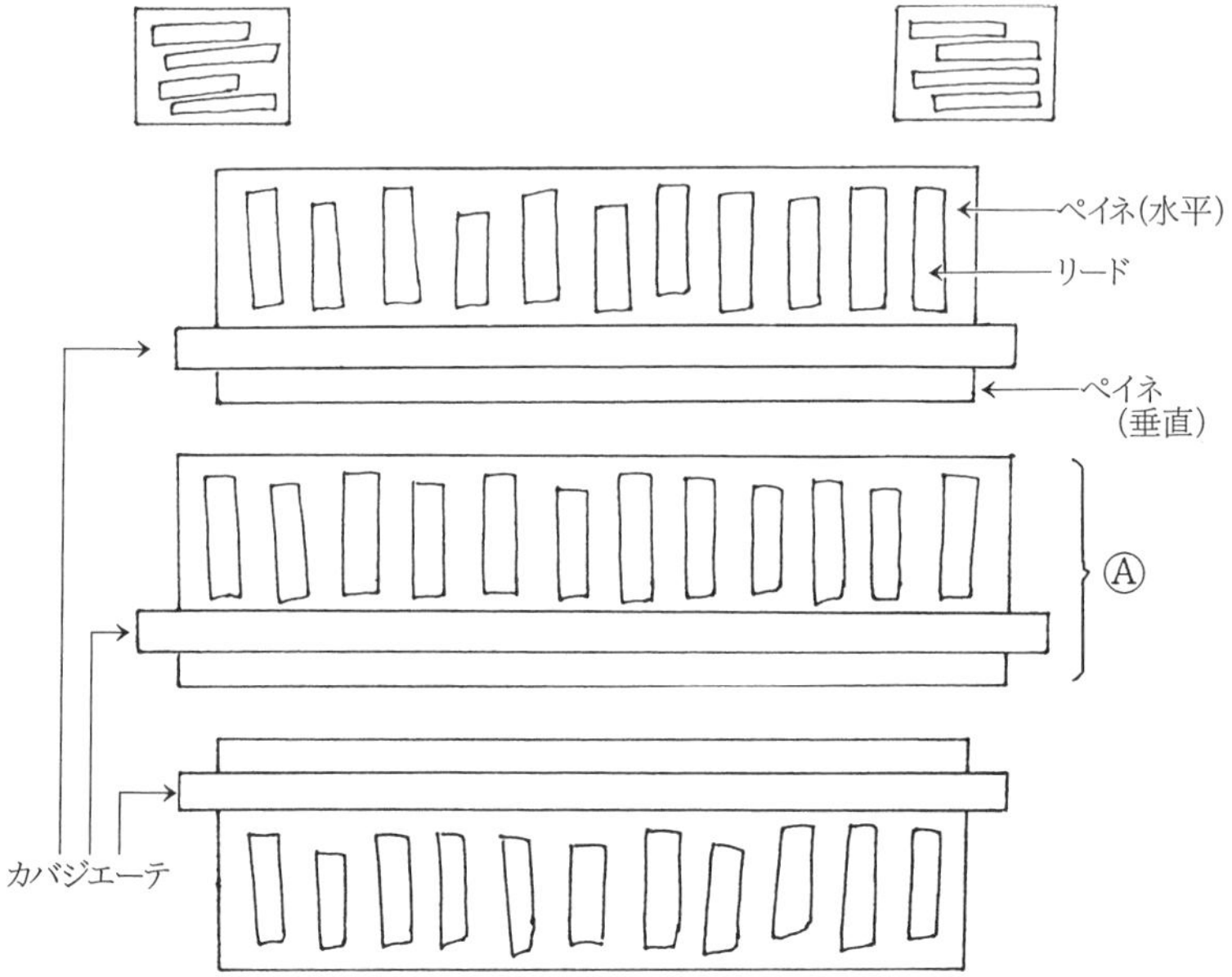

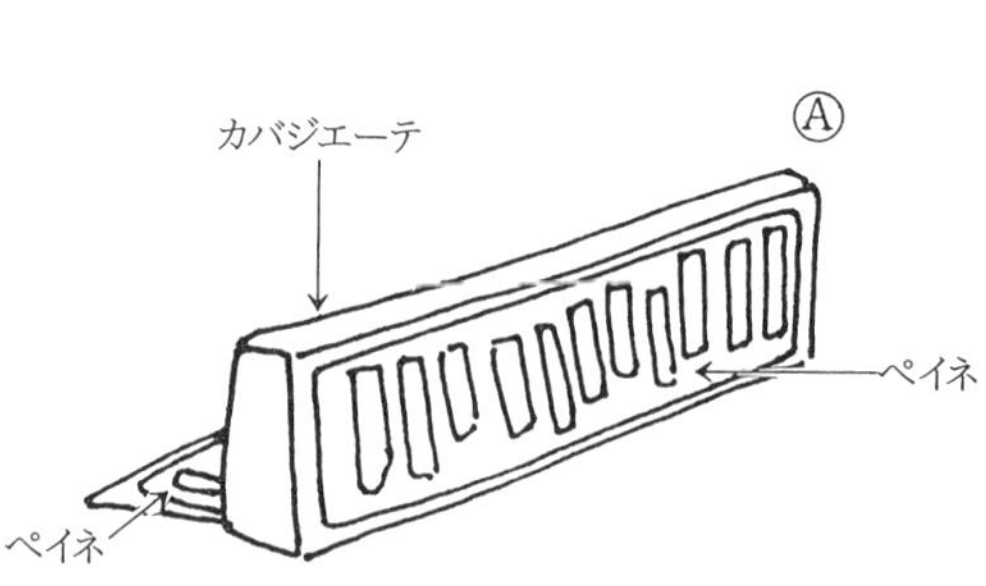

図5

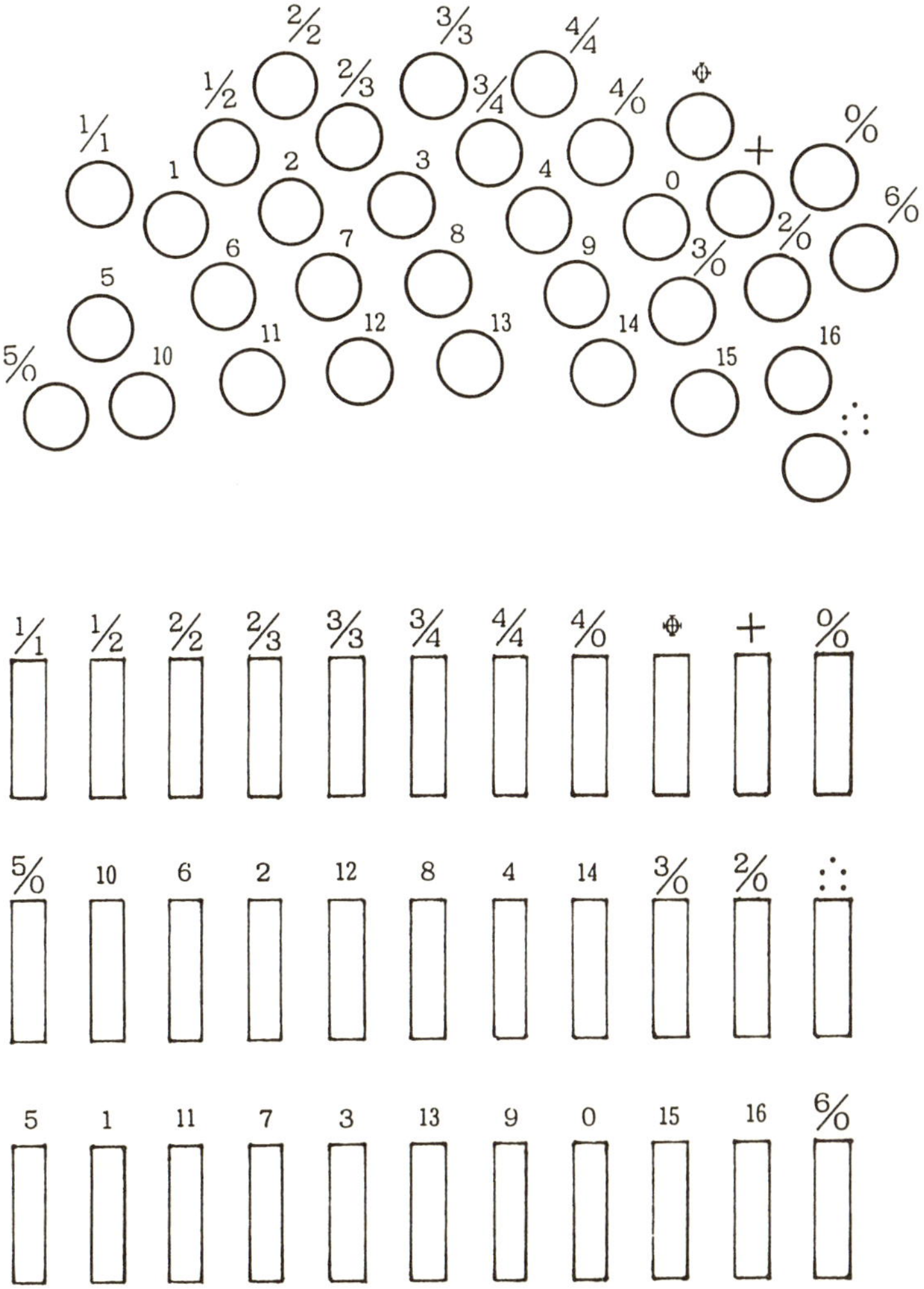
1/1 1/2 2/2 2/3 3/3 3/4 4/4 4/0 Φ + 0/0
5/0 10 6 2 12 8 4 14 3/0 2/0 ∴
5 1 11 7 3 13 9 0 15 16 6/0

ボタンを押えて蛇腹を開くと(引っぱると)、ペイネの穴の外側についているリードが鳴り、閉じると内側のリードが鳴る(この外側とはタパ・アルモニカ、並びにカバジエーテに面したリードのことをいうので、図4では外から見えるリードが内側、穴の中にかくれて見えないリードが外側である)。

したがってボタンに該当するリードが、外側と内側で同じ音程であれば、蛇腹を開閉した場合に同じ音が出る。外側と内側のリードの音程が異なれば、蛇腹を開いた時と、閉じた時とで出る音が違ってくる。

ペイネにとり付けられている全部のリードの音が、外側、内側とも同じ音を持つバンドネオンをバンドネオン・クロマティコ、外側と内側とではリードの音が違っているバンドネオンを、バンドネオン・ディアトニコと呼ぶ。

アルゼンチンではディアトニコしか使われていないから、バンドネオンといえば、ディアトニコである。それに反して日本では、現在でもディアトニコとクロマティコの両方を混同してバンドネオンと言っている。

バンドネオン・クロマティコの音階

図6(A)はバン・クロのボタンの配列と音階との関係を示している。

左右とも1からはじまる数字が増えるに従って半音ずつ音が高くなっている。ボタンの数字に該当する音は、図6(A)下段に示されている。

バン・クロのボタンの音階配列は規則的で、右のボタンは原則的には上から斜め下前方に3列ずつが半音進行である(6→27)。残りのボタンは上から下に半音進行が、縦の列で規則正しく並んでいる

（1→5、29→38）。左側のボタンは下から上に右と同様の法則で並んでいる（図6(B)）。

音符1、音符2はバン・クロの左右のリードの音程を表わしている。5線の左端のAはアブリエンド[※1]のAで蛇腹を開いた状態の意味、Cはセランド[※2]のCで蛇腹を閉じた状態である。

これを見るとA、C共に同じ音程のリードが付いていることがはっきりとわかる。

バン・クロのボタンの配列とA、Cのリードの音が同じであること等からバン・クロはクロマティック・アコーディオンに近い楽器である。このアコーディオンは、普通のアコーディオンのピアノ式鍵盤の代りに、原則的に一列3個のボタンが並んでいる。演奏による半音進行は上から前に3個のボタンを弾き、一段下に移り3個のボタンを弾き、これを繰り返せば半音の進行である。

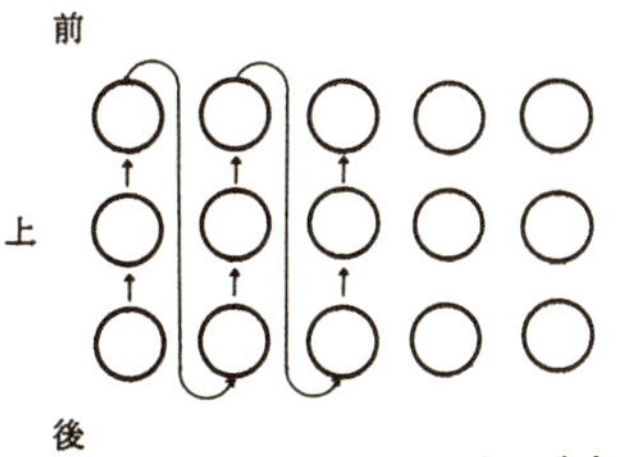

クロマティック・アコーディオン

バン・クロの縦一列の音階はピアノ式アコーディオンの音階進行と同じ原理である。

こうして考えて行くと、ヨーロッパから来るコンチネンタルタンゴの楽団で、アコーディオン奏者がバンドネオンを弾く場合が見られるのも納得できる。彼らが使っているバンドネオンはクロマティコであるから、それが可能なわけである。前述のオスカル・ツチイが「バンドネオン・クロマティコはヨーロッパで使用されている」と書いていることから考えて、バンドネオン・クロマティコはアコーディオンの代わりに、またはその音色を補うため、ヨーロッパスタイルの演奏に向いている楽器であり、バン・ディアより、後に作られた。そのボタンの音階配列はクロマティック・アコーディオンとピアノ式アコーディオンの鍵盤配列をミックスした形式になっているところから、バンドネオンの構造をそのまま利用したアコーディオンであると見なすことが出来る。

1　*abriendo*
2　*cerrando*

図6（A）　バンドネオン・クロマティコ（右）　蛇腹開閉同音

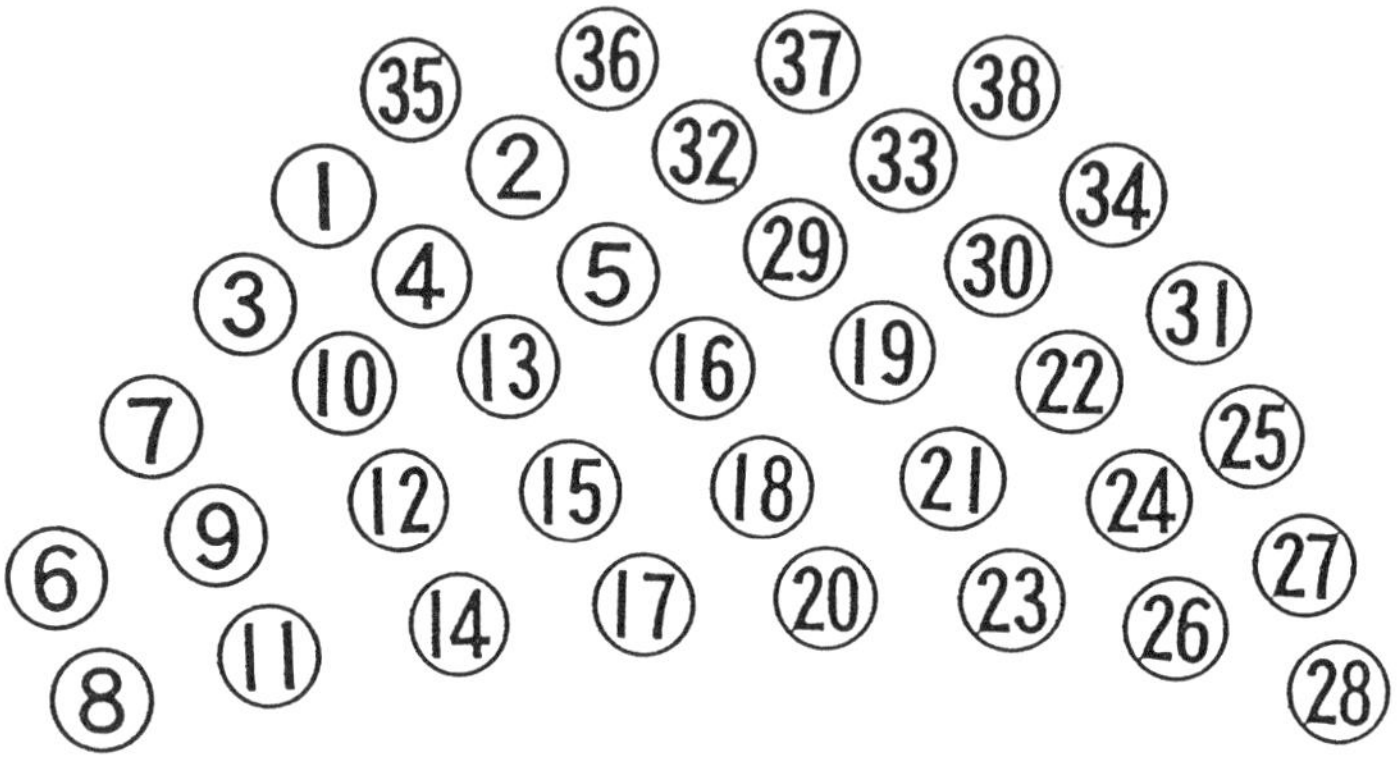

図6（B）　バンドネオン・クロマティコ（左）　蛇腹開閉同音

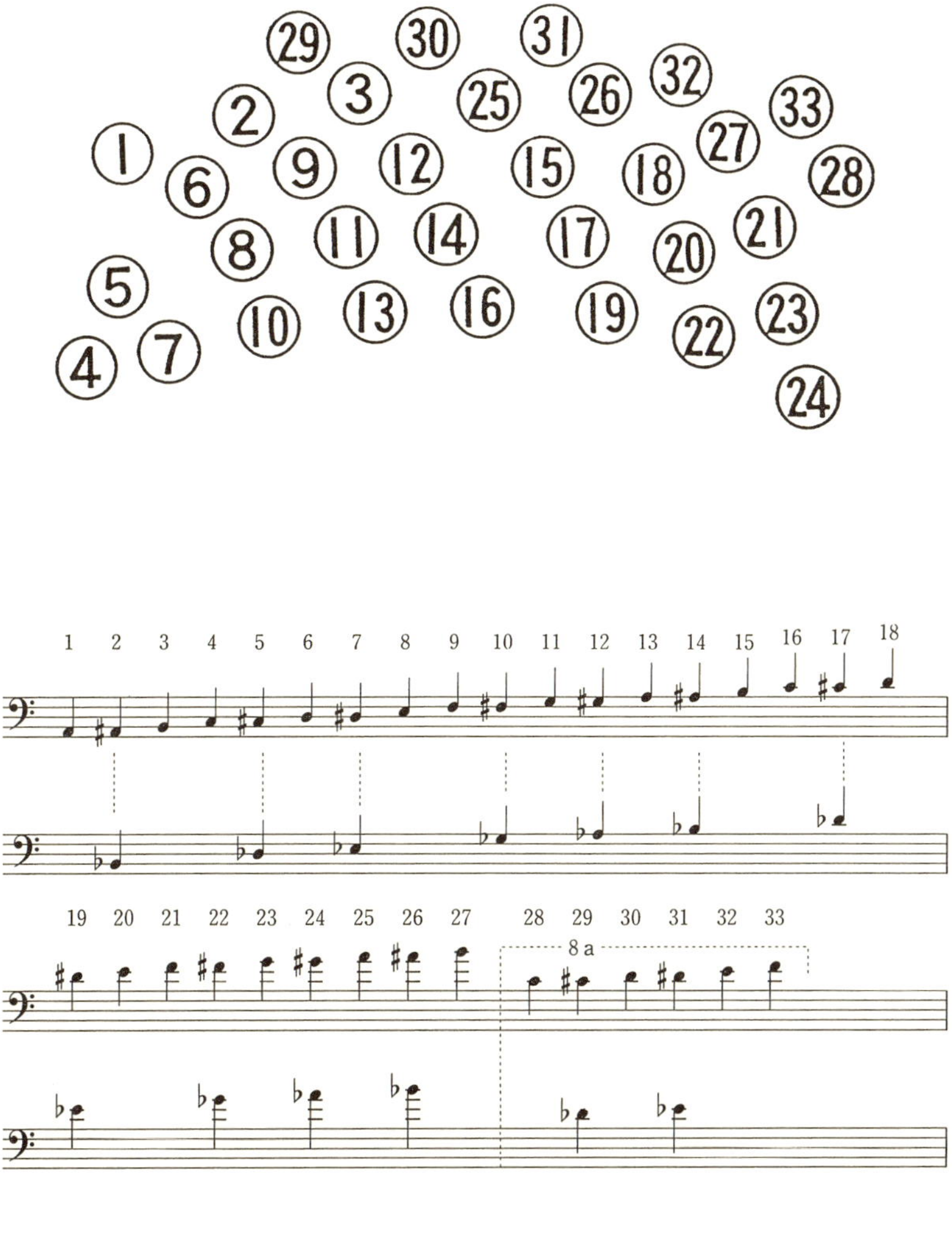

音符　1　　右　バンドネオン・クロマティコ　リード配列と記号

音符　2　　左　バンドネオン・クロマティコ　リード配列と記号

これから説明するバン・ディアのリードの配列は、バン・クロと比較にならない程複雑である。バンドネオン・クロマティコは、バンドネオン・ディアトニコ（これこそ本当のバンドネオンなのだが）の普及版、お徳用品であるといっても過言ではない。

複雑な音階配列のバンドネオン・ディアトニコ

音符3を見て頂きたい。バン・ディアのカントス（右）に相当するリードの音程である。A、Cの音は10音を除いて全く異なっている。A、C同音の音は、低音と高音部に多い。音符3のAの記号と番号を図3のボタンにあてはめて音階を作ったのが図7である。

図7の1からはじまる数字が増えるに従って、音が高くなって行く。ボタンの数字と下の音の関係を見ると、ボタンの音階進行は全く法則がなく目茶苦茶に並んでいるのがわかる。図を見てさえも、数字を順番に探すのが困難であるから、弾くときは、頭と指先でしっかりと音のありかを記憶しなければならない。蛇腹を開きながら、右のボタンだけで音を出すのにこれだけの困難があるのである。

これだけではない。音符3のCの音は10の音を除いてAとは無関係である。ペイネの穴を塞ぐようにして固定されている外側と内側のリードの音が異なっているからである。

Aの場合と同じ方法で、Cのリードを鳴らした場合のボタンに現われる音階を数字で表わしたのが図8である。蛇腹を閉じながら弾くボタンの音階は、㈠開いた時の音と全く法則的には無関係、㈡音階のスケールもまた蛇腹を開いた時と同様、法則のない並び方をしている。バン・ディア奏者は先づ右のボタンを弾く場合、蛇腹の開閉により二通りの音を出すボタンに悩まされ、加えてその配列の目茶苦茶なのに泣かされるのである。

音符4は、蛇腹を開いて音階進行をした場合の、反対側にあるCのリードとの関係を表わしたものである。何の関係も見られない。音符5は、蛇腹を閉じて音階進行をした場合の、反対側にあるAのリードとの関係を表したものである。これは蛇腹を開いた場合の音階は、閉じた時の音階とは全く無関係であることを物語っている。

音符6は、バホス(左)に相当するリードの音程である。A、Cの音は2つの音を除いて、これまた全部異なっている。

図9、図10は音符6で表されているリードの音程にもとづいて作られた左の音階である。右の場合と同じく、蛇腹を開いた時も閉じた時も、ボタンの音階進行に全く法則が見られない。音符7から、蛇腹の開閉による音の関係もまた見られないことがわかる。

以上のことからバン・ディアを弾きこなすには、右28個、左31個の蛇腹開閉時に全く音の異なる59個の倍、118個のボタンの音の位置を記憶することと、さらに右10個、左2個の開閉同音の12個のボタンも開いた時と閉じた時とでは音階スケールに組み込まれると指順が異なるから、これも倍の24個とすると、開閉で142個のボタンが有している音の位置を習熟する以外に方法はないのである。

このやっかいな配列のリードは奏者だけでなく、当然調律にも非常な困難を伴うので、ボタンの配列の位置に記号と数字を入れて、それに相当するリードとの関係を明らかにする必要があったものと推察する次第である。

音符　3
右(バンドネオン・ディアトニコ)
リード配列と記号
15 16 17 18
A C
∴ 4/4 Φ 0/0 0/1 1/1 1/2 2/2 2/3 3/3 3/4
8/0 6/0 5/0 2/0 0 10 6 2 12 8 4 14
7/0 4/0 + 3/0 5 1 11 7 3 13 9

図7　バンドネオン・ディアトニコ(右)　蛇腹開(引)

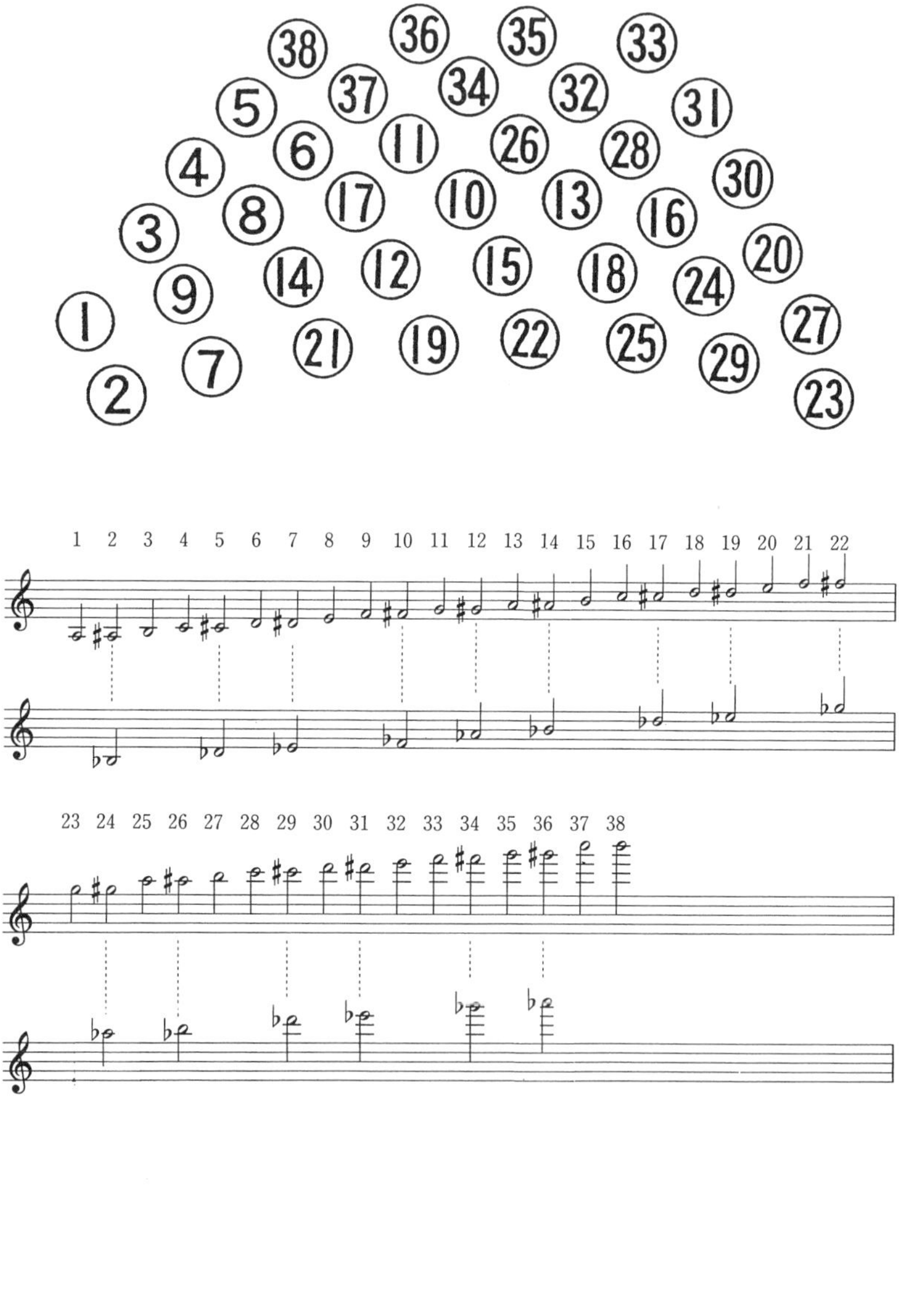

図8　バンドネオン・ディアトニコ(右)　蛇腹閉(押)

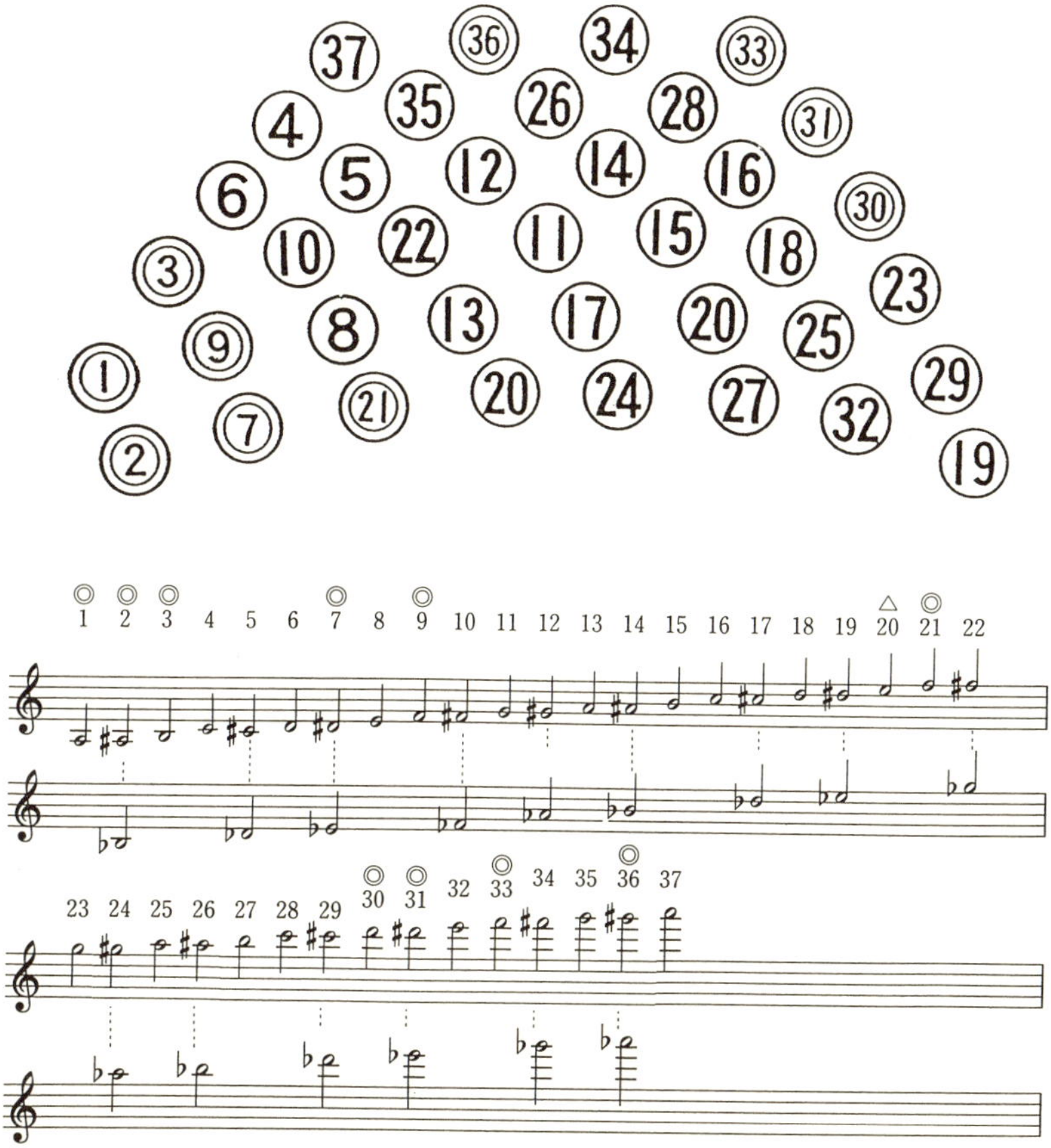

◎…開閉同音

△…同音 2 個

音符　4

右(バンドネオン・ディアトニコ)　**Abriendo**(開)
音階進行とリードの記号

音符 5　　右(バンドネオン・ディアトニコ)　**cerrando**(閉)

音階進行とリードの記号

音符 6　　左(バンドネオン・ディアトニコ)　リード配列

音符 7　　左(バンドネオン・ディアトニコ)　**Abriendo**

図9　バンドネオン・ディアトニコ(左)　蛇腹開(引)

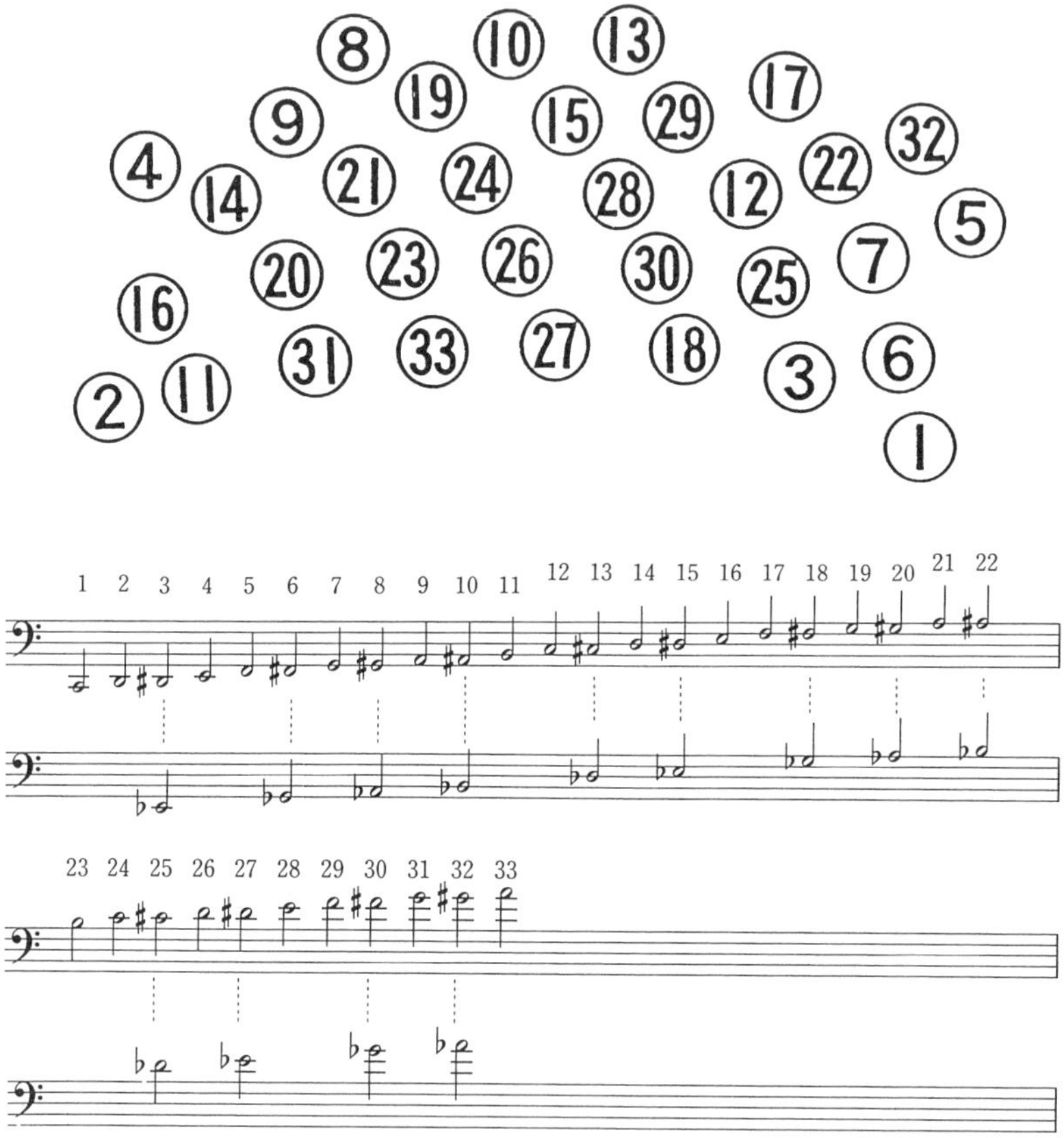

図10　バンドネオン・ディアトニコ(左)　蛇腹閉(押)

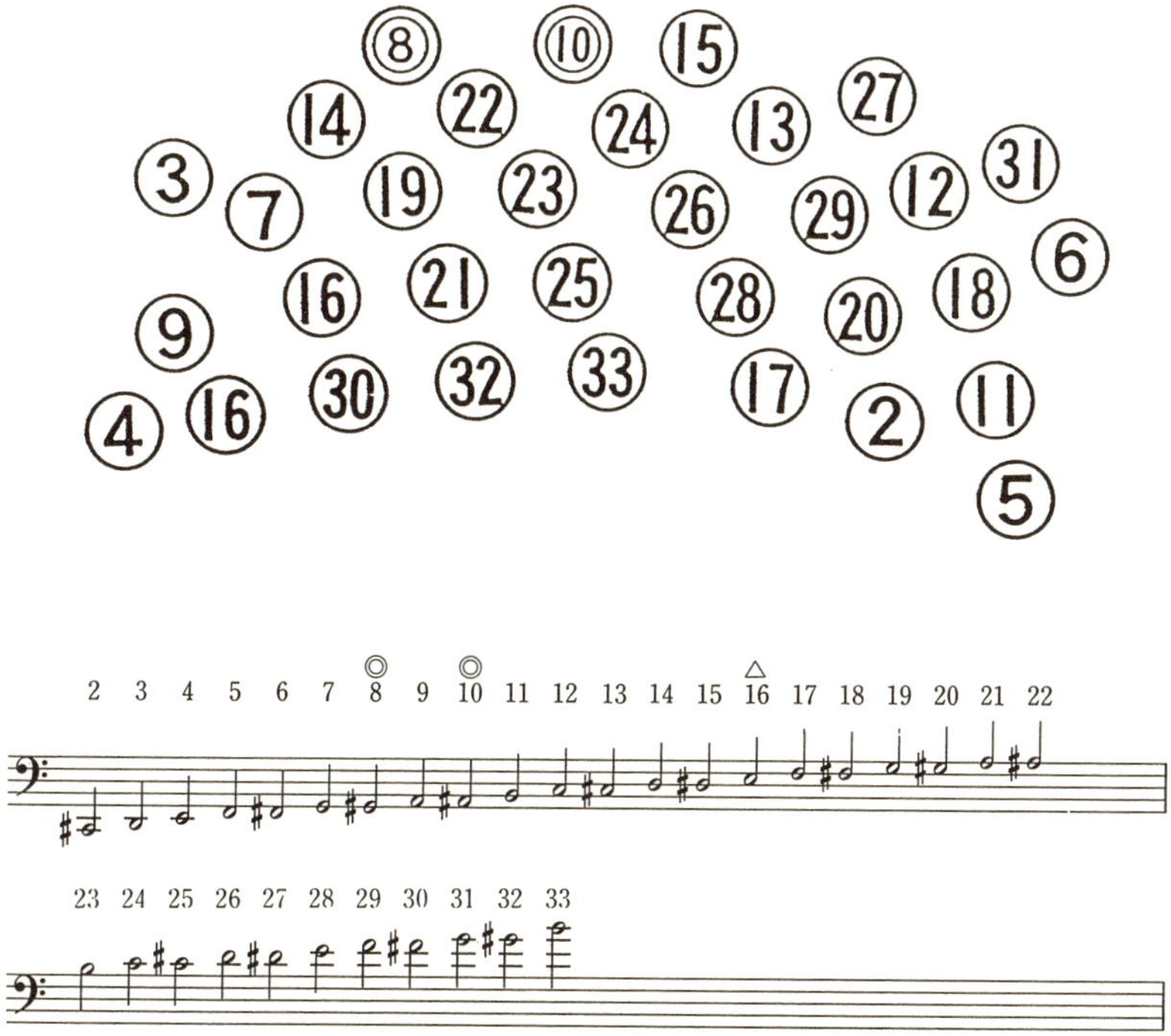

◎…開閉同音
△…同音２個

アルゼンチンタンゴの特徴

バンドネオンの演奏方法

演奏に際しては、椅子に腰を掛け身体の前で両膝を曲げた状態で、大腿上面に楽器を置く。左右の共鳴板外側に着いている革紐の中に親指を除く4本の指を入れる。革紐の長さは調整出来るから、軽く手背に廻して、4本の指が容易にボタンに届くようにする。右の親指でパランカ・デ・アイレを押えて蛇腹の空気を抜くのである。

バンドネオンは蛇腹の開閉で空気の流れを作って音を出すので、どうしても蛇腹を引いた時の方が音に安定感がある。タンゴのリズムは蛇腹を開いた時に出す音から作られる。

バン・ディアでは加えて音階が複雑で蛇腹を開きながらの演奏となるので、パランカ・デ・アイレをすばやく押して蛇腹の中の空気を抜いて縮めて、演奏を続けることになる。パランカを押す余裕がない場合や、引きのスケールが難しい時は、押しのスケールで弾くのである。

この蛇腹の切り替えのタイミングと、ボタンの配列によって生じる音の歯切れ良さこそ、アルゼンチンタンゴの特徴なのである。短い時間で蛇腹が切り替わり、溜った音を、一度に吐き出すバン・ディアの演奏技術が、アルゼンチンタンゴ独特のスタイルを生み出し、そして成功させたのである。

反対に、曲に切れ目がなく、レガートのメロディが長く続く演奏は、バン・クロの方が優れている。コンチネンタルタンゴの演奏では、楽器の種類が多く、リズムの形式も一定である。アコーディオンと共に用いられるので、アコーディオン的な編曲で無理なく演奏出来るバン・クロが適しているのである。こうしてバン・クロはコンチネンタルタンゴの演奏に盛んに用いられたし、今でも使用されている。いわゆるバンドネオンの入っているタンゴバンドである。日本での間違いは、このタンゴバンドがアルゼンチンタンゴの演奏にも通用してしまったことにある。こうして欺瞞はすっかり定着してしまった。

表現テクニックの違い

バン・クロは音階の配列から見ても、半音階の進行は比較的楽である。反対にバン・ディアは半音階の進行が大へん難しい。特に押した場合にそれが顕著である。バン・ディア奏者で蛇腹を押して、長い半音階進行を弾きこなせる人は、よほどのテクニシャンである。アルゼンチンタンゴの名曲でバンドネオンの速いテンポのソロ(たとえば「台風」、「バンドネオンの嘆き」)に、しばしばこの半音階進行が現われるのは、以上のような理由からである。

しかしすぐ隣にオクターブ高い音があったり、左右8本の指で和音を作ったり出来るから、アルゼンチンタンゴのバンドネオンのソロは、他の楽器にはないユニークな形式のものになる場合がある。したがって、この楽器の特徴を良く理解している人の作った楽譜は、難しくても、押したり、引いたりして工夫をすると、必ず指がつながるようになっている。その代り、音楽的常識で書かれた楽譜が意外と弾きにくいのである。

冒頭に書いた、たどたどしい演奏を余儀なくされているバン奏者は、バン・ディアを使っていた人で、バン・クロ用、またはアコーディオン用の楽譜を弾いていたのである。出発点に技術以前の問題があったわけだ。

もうお分りのように、バン・クロ奏者はバン・ディアは弾けないし、バン・ディア奏者はバン・クロが弾けないのである。

私の経験では、かなり高名な音楽家でも、バン・ディアの構造上の特徴を知らず、また外見からバン・クロと区別がつかないので、アコーディオンの楽譜をそのままバン・ディア奏者に弾かせたり、アルゼンチンで編曲されたバン・ディア用の楽譜をバン・クロ用と思い込んでいる。本当のバンドネオンをもっと多くの人に知ってもらう事が必要である。

このバン・ディアはいつから、どのようにして、アルゼンチンタンゴと関係を持ったのであろうか。私はここに歴史の意外性を見い出す。というのも南米、とくにアルゼンチンのブエノス・アイレスを中心とするラプラタ地方の開発と、バンドネオンの出現は深い関係があったからである。

本書では、これから先、バンドネオン（バンと略）とは、全てバンドネオン・ディアトニコのことを指すことになる。

2　バンドネオン・ディアトニコの誕生と発達

バンドネオン生まれる

名前の由来と誕生地

アコーディオンは一八二九年頃、ヨーロッパのウィーン在住のクリルース・ダミアンが考案して作った楽器と文献に記されている。バンドネオンは一八三五年頃、ドイツのハンブルグに生まれたハインリッヒ・バンドによって考案された楽器である。両者共に空気による金属リードの震動により音を発する。

バンドはモデルなしにこの楽器を作ったのではなかった。モデルになったのはコンセルチーナであった。北米の西部開拓史の映画で六角形をした小型のボタン式の手風琴を弾いている場面が出て来ることがある。この楽器はイギリス生まれである。イギリスのチャールス・ウィーストンはほぼアコーディオンと同時代にコンセルチーナを考案していた。

一方、ドイツでは、蛇腹の両側の箱型がバンドネオンに似通っているドイツ式コンセルチーナがカルル・フリエンドリック・ウリネの作品として存在していた。これはイギリスのコンセルチーナより優れていた。

バンドは新楽器のコンセプションにウリネのアイディアを取り入れてバンドネオンを考案したのであった。彼はこの楽器に最初はバンドウニオン[*1]と名を付けた。

バンドは自分の姓であるが、ウニオンについてはいろいろな説明がなされて来た。

タンゴ史研究家、加年松城至氏は仲間に呼びかけて製造販売会社を作り、社名をバンド・オニオンとしたと書いておられる。アルゼンチンの一研究者はウニオンなる女性が資金援助をしたのでこの名前になったと書いておられる。

私は違った解釈をしている。ウニオン[*2]が問題なのである。前述した一九七七年アルゼンチンのブエノス・アイレス発行の『タンゴの歴史』第5巻(オスカル・ツチイ著)「タンゴにおけるバンドネオン」の中に、この楽器の構造についての詳しい解説がなされている。

ツチイはその文中、左右の箱と蛇腹を結合している状態をUNIONの言葉で表現している。すなわち「両側の箱とウニオンの間にも、エスキネーロが付いている」と書かれている。このウニオンは蛇腹のことで、エスキネーロは既述した通りの金具である(図1参照)。

さらに雑誌『歴史の全て[*3]』一九七四年八月号「バンドネオンの歴史」一一頁にも、ウニオンという言葉をつかって同様の表現がある。

ドイツ語のUNIONは合同、連合といった意味の言葉である。スペイン語でも同じ意味で、動詞UNIR(結合する)を名詞化した単語である。ツチイはこの新楽器の名の起源について次のように述べている。「バンドは創作者の姓、ウニオンは形から由来しており、両者を合わせて、バンド・ウニオンと名付けた」。

したがって、この楽器を作り上げた時、両側のボタン、リード等を内蔵した箱とボール紙を素材に

1　*Band-union*
2　*union*
3　*Todo es Historia*

した蛇腹が一緒になった形がウニオンであると解釈するのが、もっとも妥当ではないか。そうでないと、姓と形を合わせた名前、バンド・ウニオンの説明がつかないのである。

傷み易い蛇腹

私は、バンドは木の箱やリードの問題よりも蛇腹の製作に一番苦労したのではないかと想像する。蛇腹は素材が紙なので傷み易く、それを補強するためいろいろと工夫がされている。初期の楽器の蛇腹は、マルコ・セントラルは一つで、左右に6つずつの折目しかなかった。大きな蛇腹が作れなかったのか、必要がなかったかのどちらかであろう（カバー写真参照）。

現在アルゼンチンおよび日本の奏者が使用している楽器は、これから述べるようにすべてドイツ製で、作られてからかなり年代が経っている。そのためか蛇腹の傷んでいる楽器が多い。蛇腹から空気が洩れると、押し引きを頻繁に行なわねばならず、演奏にかなりの支障を来たす。私はこれらの理由から、バンドは蛇腹の生産に成功したので、その連なった形をウニオンと表現したのが真相だと考えている。

やがて、バンド・ウニオンはバンドニオン[*4]と名が変わる。

アルゼンチンでは、バンドリオン、バンドレオン、マンドリン、マンドレオンという名で呼ばれたこともあった。

カーニバル用に作られた

製作者のバンドが最初にこの楽器を作った目的は、ドイツのバーバリー地方や、ハンブルグのフェスティバルの音楽をにぎやかにする目的であったが、一方ではこれを教会音楽の演奏に使用するオルガンに代る、携帯用の代用品としての役割を果たすのにぴったりだとして重宝する人もいた。

辞典を引くと、コンサイス独和辞典、西和辞典ではバンドネオン、ポルトガル語辞典にはバンドニオンとして載っているが、英和辞典には見当らないから、ドイツとラテン・アメリカで使用されている楽器であることがわかる。

初期のバンドネオンとその量産

楽器のボタンは32個から

ボタンの数は現在のスタンダードの楽器では右38個、左33個、合計71個である。

初期の楽器ではボタンの数は合計32個であった。その後44個、52個、65個と増え、最終的に71個となった。しかし現在でも左の低音部の音階が不足するので、図5の⅟₁の記号のボタンの前後に一つずつボタンを付け足している楽器もある。

アンヘル・ラモスは合計98個ボタンを有する楽器を使っていた。アルゼンチン人ロメロ・グレアティがその改造を行なった。ラモスはロス・セニョーレス・デル・タンゴのメンバーで来日した時、この98個のボタンの楽器を弾いていた。

ミノッティ・デイ・シコは118個ボタンの楽器を使用していたので有名である。この人はフランシスコ・カナロの楽団に居たバンドネオンの名手であったが、これだけのボタンがあれば、弾き易い位置に変えボタンもあったことと思われるので、71ボタンの楽器に比べて楽に演奏出来ただろう。しかし普及しなかったのは、楽器の構造が複雑になること、カントス・バホスのペイネが4枚以上多くなるので、楽器の重量の増加が演奏に支障を来たしたことが考えられる。

アルノルドによる量産の開始

もともとドイツ人は、自分達が考案した物を秘密にする伝統があった。バンドネオンも例外ではなく、音声を生み出す部分、すなわち合金の製作と、その鋳型の難しい技術は厚い秘密のベールに包まれていた。

一八六四年、ドイツ人アルフレッド・アルノルド[※5]が商業規模の生産を始めた。ルイス15世[※6]はこの年にパテントを取った楽器である。この楽器は左右のマルコス・タパの外縁がゆるやかにへこんだカーブを描き、その角は尖っている。ルイス15世は一八九〇年以前の楽器であるが、現在でも少数が残っている。

一九一一年、アルノルドは、「アルフレッド・アルノルド・バンドネオン・コンセルチーナ・ウント・ピアノ・アコーディオン・エペシャル・ファブリク」[※7]なる名前の会社を作った。〝AA〟(ドブレ・アー)はこの会社が世に出した名器である。創立者の姓名の頭文字が〝AA〟の由来であろう。

第一次大戦のため、一九一四年から一九一九年まで、生産は一時的に中断したが、アルノルド社のバンドネオンはアルゼンチンに最も多く輸出された。一九二二年から一九三〇年の間が最盛期であった。その頃「バンドネオンはアルゼンチンタンゴの完璧な演奏のための理想的な唯一の楽器」と人々の口に伝わっていたことが、その売行きの良さを着実にした。

一九三三年、アルフレッドが死去し、彼の息子が仕事を引き継いだが、一九四九年、彼が作った設

5　*Alfred Arnold*
6　*Luis XV*
7　*Alfred Arnold Bandonion Konzertina und Piano Accordion Epezial Fabrik*

備は買いとられ、国営工場としてディーゼルモーターポンプの工場となった。

　アルゼンチンにおける〝AA″の発売はルイス・マリアニイ商会[8]が行なった。アルノルド会社はプレミエル[9]という名の楽器をヒットさせた。アルゼンチンの取扱代理店は、シャルプ・イ・ベルツレム商会[10]であった。

アルノルドだけが造ったわけではなかった

　アルノルド以外のバンドネオン製作はホーナー社であった。一番出来が良く、アルノルド製に匹適する製品はヘルマニア[11]で、他にあまり有名ではないが、タンゴ[12]、コンセルテイスタ[13]とカルデナル[14]があり、オルトマン商会[15]が輸入した。ヘルマニアは申し分のない仕上りの楽器で、アルノルドのバンドネオンの音声部分製作技師、ディックがホーナーに協力した頃の楽器が一番良い品質であった。

　3〝B″はマイネールとヘロルドが製作し、前述のオルトマン商会が取扱った。同商会はエラ[16]も輸入した。この楽器は、エルネスト・ルイス・アルノルド[17]が設立した会社「バンドネオン・コルセルティナ・ウント・シンホネッタ・ファブリク[18]」が製作した楽器である。エル・アルノルド[19]はロメロ・イ・フェルナンデス商会[20]が輸入した。

　アルゼンチンでバンドネオンの製作は一九四二年に、前述のルイス・マリアニイの息子ドウイリオ[21]のもとではじまった。リードの鋳型の製造が最も困難な仕事であった。一九五〇年代にイタリアのアコーディオン製作会社パンゴティ[22]がマリアニイの助言を得て何台かを製作している。

　以後、ブラジルで製作の努力がなされた。

8　*Casa Luis Mariani*
9　*Premier*
10　*Sharp Y Veltrem*
11　*Germania*
12　*Tango*
13　*Concertista*
14　*Cardenal*
15　*Casa Oehrtmann*
16　*Hela*
17　*Ernest Luis Arnold*
18　*Bandonion Concertina und Symphoneta Fabrik*

アルゼンチンのバンドネオン

最初にもたらした人は？

アルゼンチンにバンドネオンが導入されなかったら、今日のアルゼンチンタンゴは生まれていなかったであろう。バンドネオンとアルゼンチンタンゴは切っても切れない関係にある。しかも、難しい方の楽器、バン・ディアである。『タンゴの歴史』第5巻「タンゴにおけるバンドネオン」を執筆しているオスカル・ツチイの文を引用して話を進めることにしよう。

その前にモンテやブエノスの音楽事情をもう一度ふり返ることにする。

ミロンガやカンドンベの最盛期は一八五五〜一八七五年であり、ハバネラも八〇年から九〇年代の間に衰退している。ピアノ用タンゴの楽譜が発表されたのは、記録では一九〇〇年である。

一方、『タンゴの歴史』第3巻、三〇八頁に、初期のタンゴの楽団編成が記されている。それによると一八九九年、バンドネオン奏者として、ファン・マグリオの名がはじめて出ている。

この事実から、楽譜のタンゴが世に出る前に、バンは既に用いられていたことがわかる。バンドネオンもまた、叙情的、即興的な演奏をした歴史を持っているのである。

そこでバンを持って来た人の話になるのだが、古いバン奏者アウグスト・ベルトの証言を引用する。

「バンを最初に輸入したのは、イギリス人トマス・ムーレであり、彼の友人にホセ・サンタ・クルスがいた。ホセはコンセルチーナを一八六五年には弾いていたが、新しい楽器バンに飛びついた」。これは一八八四年の出来事であることが他の記録からも証明されている（彼の息子のドミンゴ・サンタ・クルスもまたバン奏者で、一九一六年に四重奏を編成している）。

19 *El-Arnold*
20 *Casa Romero Y Fernandez*
21 *Duilio*
22 *Pangotti*

一九一九年九月二三日付の新聞「ラ・ラソン」は、バン奏者の草わけであるアントニオ・チアッペの話を掲載し、「ブエノス・アイレスにバンドネオンを持って来たのは誰か」とタイトルを付けている。

ここで明かされているのは次のような事実である。まず、バンドネオンは、アルゼンチンで作られたのではない。ドイツ生まれで、製作者はドイツ人ベルターグ・フォン・バンドであり、この楽器は一八七〇年頃、ブラジルの船員バルトロによってブエノス・アイレスに紹介され、32音声の楽器であった。船員たちは、ウィスキー、性病と共に、ピカピカの新品のバンドネオンを誇らしげに首からぶらさげて「ラプラタの女王の港」に持って来たと記録されている。

以上のことから、今世紀の始めには、アルゼンチンのバン奏者自身、自分が弾いている楽器の出所を知らなかった節がある。

しかし、この説に対して、異論もある。

ドイツ船員が持って来たという説、馬車の馭者の一人がドイツから最初のバンを持って来たという説。一九〇五年頃、ドイツ船員がボカの街で、コンセルチーナに良く似た楽器を売っていたという人もある。しかし、この頃には、ファン・マグリオ等が既に使用していたから、確実性に乏しい。

一八七〇年頃にバンが輸入され、一九〇〇年頃ピアノ用タンゴの楽譜が発表されていることから、バンとピアノが古い形式のタンゴを追放し、新しい形式の音楽を誕生させ、育成して行ったものと考えられる。そしてミロンガ、カンドンベ、ハバネラの伝統は、新しい音楽アルゼンチンタンゴの演奏と踊りの中に吸収されて生き続けるのである。

初期のタンゴ楽団の中にファン・マグリオの名が出ているが、タンゴの演奏にバンを導入したのは彼がはじめてであろうか。

『タンゴの歴史』第2巻でロベルト・セージェスにより初期のタンゴ曲並びに演奏家が紹介されている。バン奏者として知られている初期の人達。ホセ・サンタ・クルス、バルトロ、トマス・モーレ、ペドロ・アビラ。彼らがタンゴを演奏したという記録はない。

バンでタンゴを弾いた最も古い人は次の人々とされている。セバスティアン・ラモス・メフィア(パルド・セバスチァン)は解放奴隷の子であった。十九世紀末にバン奏者として働いていた。ほかにホセ・マルモン(ペピィノ)、ファン・マグリオ(パチヨ)等である。初めてバンドネオンでタンゴを弾いたのは、クリオージョ・ネグロであった。

バンドネオン以前の楽器

アフリカ人の持って来たタンゴの遠い祖先である舞曲カンドンベの伴奏は、打楽器にはじまり、ギター、バイオリン、それに管楽器が加わっていった。やがてミロンガが全盛時代になり、ラ・アカデミア、ペリングンデイネスが盛んになると、楽団の編成は管楽器が少なくなり、バイオリン、フルート、ギター、ピアノ、オルガン、アコーディオン等に変化したことは既に述べた。

これらの編成でも立派にタンゴは演奏出来るのである。現在でも、クラリネット、フルート、ギターによるタンゴの演奏は行なわれ、それはそれなりに評価されている。では、バンドネオンがなぜ加わるようになったか考えてみたい。

新しい物が世に認められるためには、次の二つの事が必要と考える。

その一つは、全くなかったけれど、人々、または、時代が要求するある物が現れた時である。日本に鉄砲が伝来した時、日本人はこの武器を知らなかったけれど、戦国の世はその新兵器をたちまち受け入れてしまうのである。

もう一つは、似た様なものが存在していたが、より便利で進歩した物が現われた時であろう。馬車と自動車の関係である。これらは、いわゆる文明の進歩という事に含まれるかも知れない。

バンドネオンの場合は後者であった。ラプラタ地方では、リード楽器としてハーモニカが先ず使われたが、人工肺の役割を果す蛇腹を持つアコーディオンが、それに代わって、チーナの部屋等で使用されていた。コンセルチーナがこの地方ではじめて使われたのは、一八五六年と記録されている。

前述のホセ・サンタクルスは、一八六五年に起こったパラグワイ戦争の三国同盟を記念する音楽会で、コンセルチーナを弾いている(パラグワイ戦争は一八六五〜一八七〇年、パラグワイと、アルゼンチン、ブラジル、ウルグワイ三国の同盟軍との間に起きた戦争。この戦争でパラグワイは幼児と老人を除く男子のほとんどが死滅し、スペイン征服者の純血は絶えてしまった。今日でもパラグワイは男子の数は女子の7分の1程である)。

アコーディオンはローサス(一八二九〜一八五二年のブエノス・アイレス州知事)の時代に既に人々の知る楽器であった。

オルガンは教会の楽器として用いられていたことは言うまでもない。

ハーモニカとオルガニート

私はもう一つ見過す事が出来ない「機械」に注目したい。それはオルガニート、「手廻しの風琴」である。

今ここで、この道具の出生地や構造を説明するのは省くが、この音の出る箱は、ブエノスやモンテの市民の間に浸透していたのである。ホセ・エルナンデスの有名な叙情詞「マルチン・フィエロ」が発表されたのは一八七二年であった。その中にこの道具についての記述がある。

もともと「オルガーノ」と名のついているこの道具は、ラプラタ地方ではオルガニート・カジェへーロと呼ばれ、略してオルガニートとなった。要するに、今のテレビ程の大きさの箱を車に載せるか、箱に一本の長い棒が付いていて、棒の先に車輪がある。それを街で人の集まる所へ運んで行き、音楽を聴かせていくばくかのお礼を受け取るわけである。流しの音楽で、畜音機とレコードが出るまで、結構流行したと言われている。筆者も、一九八八年夏、北アルゼンチンの都市、サルタでこの演奏を聴いたが、なかなか良い音がしたのを憶えている。

オルガニートを最初に作った国はイタリアであるとされ、一八七五年頃にはアルゼンチンでその姿を見ることが出来た。ブエノスの若者はこの道具が好きで、箱から流れてくる音楽を聴き、街角で踊ったのであった。

オルガニートはタンゴを演奏し、加えてタンゴの曲を流した。しかも街中で音楽を流すのであるから、今の宣伝カーのように、バルコニーや窓を通して音楽が家の中に入っていったので、音楽の好き嫌いに関係なく人々の耳に入ったのである。

有名なタンゴの曲「エル・チョクロ」は、アンヘル・ビジョルドが、このオルガニートのために作った曲であると『タンゴの歴史』に記されている。オルガニートについては、ブエノスでは男同志の踊りの伴奏や、ロメリア等で楽団が下手な場合、その代用として使用されていたことは記述した通りである。

アンヘル・ビジョルドは、多くの有名なタンゴを作曲しているのだが、ギターを抱え、背中に棒を立てて、頭の前に支柱を伸ばし、そこからハーモニカを口の前に吊して吹いて、自分で二重奏を行なったと言うから、初期のタンゴの演奏は、まるで「ちんどん屋」であった。

私はビジョルドがハーモニカを吹いていたこと、そしてオルガニートが十九世紀末に登場したという二つの事実はバンドネオンがこの地方に根を下ろした大きな理由になり得るものと考えている。

ところでチーナの部屋や、ラ・アカデミアの楽士達や、ダンサーの主役は黒人であった事は既述した通りであるが、黒人とその混血児の多くは、奴隷としての身分は解放されたものの、独立戦争、対ブラジル戦争(一八二七年)、パラグワイ戦争(一八六五―一八七〇年)、そしてインディオ征服等の第一線に徴発され、さらに一八七一年の黄熱病の流行は非衛生的な地区に住む黒人をほぼ全滅の状態にした。加えてヨーロッパから大量の移民が到来し、特に十九世紀の中頃には、イタリアのジェノバから来た移民がボカ地区に住みついた。

ついでながら書き加えると、現在タンゴを聴かせる店の多いサン・テルモ地区は植民地時代から上流階級の人達の住居であったが、一八八六年頃からの市の近代化に伴い、この地区の人達は市の北部に移り住むようになった。その頃から、彼らに代わってイタリア、ドイツ、イギリス、アラブ系の移民が住み着き、隣接するボカ地区と共にタンゴを演奏する店が開店するようになって来るのである。

バンドネオンの地位の確立

最初は他の楽器の物まね

何故タンゴにバンドネオンが使われるようになったのか。非常に難しい問題であるが、ここでも想像にゆだねることをお許し頂きたい。

私は移民の間に経済的な競争があり、その発信局はそれぞれの出身国ではなかろうかと考えるのである。

人口がどんどん増える新大陸の需要を満たすべく、ヨーロッパが多くの物質を輸出したことは充分に考えられる。

ラプラタ地方で使われたオルガニートはイタリア製であると記されている。したがってイタリア移民を通じて売り込んだに違いない。ドイツもコンセルチーナに代って使われだしたバンドネオンの需要を見逃すはずがなく、ドイツ移民を通じて、タンゴに欠かせない楽器というふれ込みで売り込んだことは充分にあり得る。ヨーロッパにおいては、すでに器楽の演奏が確立していて、このような不完全な楽器を無理をして買う人がなく、どこに売り込もうかと考えている時、ラプラタ地方の音楽家が興味を示したので、どんどん輸出をしたのではあるまいか。

バンドネオンがこっそりとブエノスに上陸した頃は、ミロンガ、カンドンベの隆盛期の終りで、ハバネラがそれに代って流行していた頃であった。一八九〇年代になってこれらの音楽が変化のきざしを見せ、タンゴ・ポルテニヨ(ブエノス・アイレスのタンゴ)がようやく生まれる時が迫っていた。

このタンゴ楽団の赤ん坊はトリオで、フルート、バイオリン、ギターで編成され、ギターがない場合は、アルパ(小形のハープ)がゆったりとリズムをきざみ、あるいはマンドリンがロマンティックな音色を奏でていた。

バイオリン、フルートは共にメロディを演奏し、ギター、アルパ等はソフトなリズムをきざみ、独奏をする楽器はなかった。

バンドネオンが入ってきた時、音楽家たちは、この楽器をグリンゴ(外国のもの)としてあまり歓迎しなかった。そこでバンを持ったものの、タンゴは弾かしてもらえず、この楽器の音だけを無理をして聴いてもらうにすぎなかった。リズムが乱れ、ダンサー達の間からも厄介な楽器が現われたものだという声があがった。バン奏者は思い苦しんだあげく、他の楽器の演奏方法のまねをしはじめたのである。バンドネオンはそれが可能な楽器であった。高い音域でフルート、バイオリンの音色を、低い音でオルガンの味を出し、ギターをまねてリズムをきざんだりした。ハーモニカやオルガニートの雰囲気をかもし出そうと努力する者もいた。ただし、アコーディオンの奏法をまねるという方向には行っていない。

バンドネオン演奏の先駆者たち

この頃、バン奏者の苦しみを静かに眺めながら、バンドネオンのための楽譜を書いていた一人の音楽家がいた。バイオリンとピアノをこなす作曲家であるネグロ・クリオージョ、カルロス・ポサダスがその人であった。彼は、新しい四重奏、バンドネオン、バイオリン、フルート、ギター編成の楽団によるタンゴの編曲にとりかかった。

そしてもう一人、同じく褐色の肌をした一人の天才が、バンドネオンをタンゴの演奏に欠かす事の出来ない楽器として人々に認識させたのである。その名は、セバスティアン・ラモス・メフィア。別名をバルドー・セバスティアンと称するこの解放奴隷の子は、音楽に対して天才的な頭脳の持主であった。当時チーナの部屋等のダンスホールで働いていた音楽家にとっては、音楽で得る収入はごく僅かで、みんな音楽以外の仕事で生計を立てていた。セバスティアンは、一八九七年に開通した路面電車の運転手であったと言われている。しかしバンドネオンに対する彼の情熱は並々ならぬものがあり、従来のトリオにバンドネオンを加えたポサダスの編曲のタンゴを開花させるのに成功したのである。前世紀末のブエノスでの出来事であった。

彼の多くの弟子達はごく初期のタンゴ四重奏を成功させるためにバンと必死に取り組んだ。先ず、拍子が4分の2拍子となり、リズムがスタカットに変わっていった。

このバンの先駆者達は次の二つの難点を克服することにより、バンを花形楽器にまで押し上げたのである。第一はこの楽器の鍵盤配列の特異性(読者は既にこの事は認識しておられるが)であった。第二は演奏法を教えてくれる本も、人もいなかったことである。楽器を手にしても指が思うようにならないため、途中で止める人、さらに劣悪できびしい労働のもとで体をこわす人も多かった。また一方で少しでもお金になれば良いといった怠けた心でバンを弾く人達が現われても不思議ではなかった。

そのような悪条件のもとで、セバスティアンの門下からバンのパイオニアが育っていった。アントニオ・ソラリイ、シプリアノ・ナバ、アントニオ・グトマン、ドミンゴ・レペット、アントニオ・チアツペ、そしてネグロの異名を持つロメロ等であった。

やがてバン奏者の血のにじむ努力の結果、バンはフルートに代る地位を獲得したのであった。バンはフルートの持つ陽気さ、軽やかさ、さらにメランコリィなメロディでさえも代って表現することが出来るようになった。

そしていよいよピアノが参加する。これはタンゴピアノの先駆者ロベルト・フィルポの、これもまたねばり強い苦労の結果実現したのである。

『タンゴの歴史』第3巻に、アルゼンチンにおける初期のタンゴ楽団のリストがある。一八九九年にバン奏者として、ファン・マグリオの名が出ている。一九〇三年頃からバンドネオン、バイオリン、フルート、ギターによる四重奏が現われはじめ、一九〇七年にはフィルポがピアノ、バイオリン、クラリネットによるトリオを編成し、翌年にはピアニストはフィルポではないが、バンがクラリネットに代ったトリオが記載されている。

この図式は現在の楽団編成の基本となる形式で、やがて、二台のバン、二人のバイオリン、ピアノ、コントラバスによる六重奏団に発展するのである。この編成が可能になったという事は、タンゴが編曲の上でも演奏技術的にも、驚異的な向上をとげたことに他ならず、なかでもバンドネオン奏者の技術の進歩がその事を可能にしたのであった。当時コンセルチーナはかなり普及していたが、タンゴの演奏に関しては、32鍵盤の初期のバンの方がはるかに勝っていた。故に、コンセルチーナからバンに転向する者が現われて来たし、バンの鍵盤の数も増えて来た。

バンドネオンがレコードに登場

ブエノスで71個のボタンを有する今と同じバンが奏せられたのは、一九一〇年に入ったばかりの頃、カフェ「ラ・モローチャ」で、バンドネオン、ピアノ、フルート、バイオリンの四人が演奏した。タンゴがようやく、ブエノス・アイレス市の中心街で演奏が出来るようになったばかりの頃であった。

前述したようにバンが加わってタンゴを演奏する楽団、オルケスタ・ティピカが生まれ、一九一一年には、コロンビア・レコードによりバンが加わった楽団によるタンゴが録音発売される。録音技術の進歩はバンの奏法を向上させた。

一九一〇年代の単調な演奏は年と共に個性ある奏法に変化して行った。この難かしい楽器が細かいテクニックを披露したり、微妙な音を表現したりするためには、マイクは欠かせない存在であった。現在のアルゼンチンのバンドネオン奏者は実に巧みにマイクを使いこなしている。

バンの音はマイクで拾うのが難しい。これは左右から音が出る上に、蛇腹の伸縮によって音の出る位置が変わるから、左右にマイクを置いた場合でも、音が一定して入らない。従って、奏者は自分からマイクに楽器の音の出る部分を近づけるようにしなければならない。そのためにはバン奏者は、どの長さまで蛇腹が伸びていても、弾けるようにならなければならない。日頃の練習も大切であるが、腕、腰、足をはじめ全身を柔軟にして、強健な体力の維持に常日頃つとめることが必要であろう。

多彩なバンドネオンの音色

バンドネオンはタンゴの演奏には欠くべからざる楽器となった。それが使用されるようになってから、いくつかの楽器がバンにその座を追われた。結果として、それらの楽器の流れを演奏に生かさなければならなくなった。

すなわち、メロディ、リズム、ハーモニー、対位法的演奏、早いテンポの変奏曲、そして打楽器的役割さえはたしているのである。

ハーモニカ、フルートに似た高音部、低音部との組合せによるオルガン的奏法、ギターに変わり得る巾のあるリズムと、オルガニートを連想させる調べ、さらにはスコットランドの風笛を思わせる音色…。まさに七変化の楽器と言わねばならない。名手はバンに組合わされた相手の楽器に応じて、その音色を工夫し、奏法に変化を持たせている。

タンゴは混血美人の舞曲と前に書いたが、アルゼンチンタンゴ夫人は、先人の即興詞パジャーダーの伝統を生かしながら、素晴らしいタンゴの詩を作り出していった。

今日のタンゴは、アルゼンチンの人々が、世にも難しいバンドネオンという楽器の奏法を確立した末に生み出した、血と汗の結晶であると結論づけたいのである。

バンドネオン・ディアトニコの発展と亜流

バンドネオンの兄弟たち

古くからあるのは前述のバンドネオン・クロマティコである。このタイプの楽器を普及版、お徳用と書いたことは、これを今なお弾いておられる方々には失礼な表現かも知れないのだが、この場合はあくまでも、バン・ディアに比べてお徳用と言ったまでのことで、バン・クロも立派な楽器である。

バン・クロもドイツ・アルノルド社の製品が一級品である。このタイプがいつ頃から生産されはじめたのか私にはわからないが、おそらく71ボタンのバン・ディアが普及した頃には出来上っていたと考えられる。

アルゼンチンからヨーロッパにタンゴの演奏を紹介したパイオニア達の中で、真先にその名を挙げなければいけないのは、アルフレッド・エウセビオ・ゴビであり、一九〇〇年にブエノスを出発し、ダンスとしてのタンゴ、歌のタンゴを紹介している。歌手は妻のフローラであった。この後にパリでタンゴのダンスが流行しはじめている。その後北米に行き、一九〇五年、ロンドンに行っている。

一九〇七年、「エル・チョクロ」の作曲者アンヘル・ビジョルドと共に再びパリに行き、ビジョルドは間もなく帰国したが、ゴビは第一次世界大戦がはじまるまで、滞在した。

ここで彼らの音楽の質が、問題になって来る。第Ⅰ部で記述したように、一九一〇年中期のレコードに録音されている当時のオルケスタ・ティピカの演奏は、音楽的にはお粗末としか言いようがない。その中でもバンドネオンの技術の劣悪さは聴くに耐えない水準である。

この音楽をヨーロッパの人はどのように捉えたか。かつてキューバのラ・ダンサを優雅なハバネラに変身させた彼らである。新大陸のタンゴをモデルにして自分達の手でヨーロッパのタンゴを作ろうと考えても不思議ではない。そしてバンドネオンを導入することも忘れなかった。ちょうどその頃アルゼンチンではバン・ディアを弾きこなすために悪戦苦闘をしている頃であった。何につけても合理的な考えを持つドイツ人が、当時ヨーロッパで使用されているクロマティック・アコーディオンの鍵盤の配列をバン・ディアのそれに応用することを思い付いたとしても不思議はない。

もう一つの興味深い記録がある。

有名なアコーディオン奏者堀部隆次氏が愛蔵しておられる一九三七〜八(昭和十二〜三)年頃の雑誌『ダンスと音楽』を何冊か読ませて頂いた。一九三七年六月号の中で、髙橋忠雄氏がフランシスコ・カナロの次弟ラファエル・カナロとパリで対談している。この時カナロは、パリでは本物のアルゼンチンスタイルのタンゴは理解されず、フランス人の好みはアルゼンチンスタイルのダンスであること、パリの人は派手な演奏を好むこと、またアルゼンチンタンゴのピアノは、同じ楽譜でも弾く人によって演奏方法が異なるので、フランス人で弾ける人は少ないと語っている。

同時に別の頁で杉井幸一氏は、流行するタンゴはメロディの美しい曲であると評して、その例として当時流行している「奥様お手をどうぞ」、「イタリーの庭」、「碧空」等をあげ、アルゼンチンスタイルのタンゴのメロディが、バイオリン、ピアノ、バンドネオンの三楽器に限定されている不自然さを指適し、ドイツタンゴがオーケストラ編成で色彩の豊富な点を賞賛している。

このようなコンチネンタルタンゴの演奏には、フォルクローレ的要素の濃い演奏は不要であった。バン・ディアの音色と外観をそのまま受けついで、奏法が容易なバン・クロを製作し、アルゼンチン的な香りをオーケストラに加えようという発想が生じたのであろう。

かくしてバンドネオン・クロマティコはメロデックなコンチネンタルタンゴを演奏するために作られたものと想像しても誤りではないであろう。ただ日本では、バン・クロでアルゼンチンタンゴを演奏するという錯誤をおかしてしまうので、オルケスタ・テイピカ・東京もその全盛期のバンは全てクロマティコを使用していたのであった。

バン・クロ以外にクセロと名の付けられたバンドネオンがあった。この楽器も蛇腹開閉同音で、半音進行がピアノのように規則正しく横に移動するボタンが、横一列に段を作っているから、バン・クロのカテゴリーに入れることが出来る。今はほとんど見かけなくなった。

そのほか、ピアノ式バンドネオンというのがあった。鍵盤がピアノの様に並んでいる、バンドネオンと似た構造の楽器であったが、アコーディオンの亜型と考えるべきである。現在楽団演奏には使われていない。

新形式のバンドネオン登場か？

一九八九年一月一五日、ブエノス・アイレス『クラリン紙』に一つの記事が掲載された。ベルリン在住のドイツ人バンドネオン奏者、クラウス・グーターと、ベイルートでオルガンを作っているワーナー・バウンガートナーの二人が新しいタイプのバンドネオンの製作に成功し、その楽器をブエノスで披露したというのである。

この新楽器はディアトニコで、音域の広がりはピアノと同じ、音の質は従来のバンと異なり、形も大きく作られている。日本にもそれほど遠くない日に新楽器が姿を見せる可能性がある。ただ音質が従来のものとあまりに異なっていると、バンドネオンとしては成功しない危惧がある。クセロやピアノ式バンドネオンがその良い例であった。さらにアルフレッド・アルノルド社製以外で作られたバン（ヘルマニア等）も音質とリードの耐久性に問題があり、プロのバン奏者は使用しない。

しかし、現在の〝AA〟級の楽器の生産が中止されて四十年以上の歳月が流れ、バンドネオンは消え去ってしまう可能性のある楽器であることも事実である。アルノルド社と同じ音質を持ち、構造や耐久性により秀れた製品が現われれば、バンドネオンはもっともっと奏法的にも向上する可能性を持っている楽器と考えている。

ブラジルのバンドネオン

ブラジルでバンドネオンの製造の努力がされた事は前述の通りであるが、現在、ブラジル南部のリオ・グランデ・ド・スール州、サンタ・カタリーナ州で使用されているバンドネオンは、ダニエルソン・ロウレイロ社製である。

バンドネオンはドイツからブラジル船員バルトロにより一八七〇年頃に、ラプラタ地方に紹介されたのだから、同時代にブラジルにこの楽器が渡っていても、何の不思議もない。また、ブラジル南部のそれらの州はウルグワイと隣接しているし、ミロンガの言葉もブラジルからモンテビデオに黒人奴隷が伝え、それを元祖としてタンゴが生まれ、後にタンゴの演奏に欠かすことの出来ない楽器となったのがバンドネオンである。

また、ブラジルとアルゼンチンは共にイベリア半島に位置するポルトガルとスペインの植民地が独立してできた国で、共に良く似た歴史的背景を持っている。

私は以上の理由からブラジル製の楽器はバン・ディアであると信じていた。さらに、リオ・デ・ジャネイロの路上で見かけた辻音楽士のバンがバン・ディアであったこともその理由に加えることができる。

一九八九年一〇月に、私はダニエルソン社製の楽器を弾く機会があったので、その印象を述べてみよう。ダニエルソン社製の楽器はボタンの配列、その構造は、ドイツ製のそれと全く同じで、楽器はバン・ディアである。ドイツ製に比べて大きく、しかもたいそう軽い。パランカ・デ・アイレ、蛇腹、マルコス・タパ等の造りはまさに高級な玩具といっても過言ではない。音色はアコーディオン調である。ドイツ製の二流品であるヘルマニア等よりもお粗末な仕上りで、比較されるのが恥かしい位である。

この楽器では、本格的なアルゼンチンタンゴの演奏は無理であろう。リードがすぐに折れること、蛇腹の破損が真っ先に生じて来る等の恐れがある。バンドネオンはリードの質や、ボディの材質等から重い楽器の方が重厚で、良いリズムが生まれる。ブラジル製はあくまでもアマチュア向きであるが、それなら何故バン・クロを作らなかったのだろうか。

ブラジル製の楽器がバン・ディアであることこそ、ラプラタ地方に持ち込まれたバンドネオンの形式がバン・ディアであり、バン・クロはヨーロッパで使用する目的で作られたことを雄弁に物語っている。今後ブラジル製のバン・ディアがもっと立派な大人の楽器に成長することを祈っている。

私は、最初のうちバン・ディアは、コンセルチーナに代わり得る優れた携帯用オルガンとしてカトリック伝導師によって、ブラジルをはじめとする新大陸で使用されていたのではないかと推測している。

ところで、近年ブラジルに二千五百人のバンドネオン奏者が居ることを報じた某紙の記事を読んだ。私が手にとって弾いたダニエルソン社の楽器はバン・ディアであったから、ブラジルの奏者も同じ形式の楽器を使用しているものと思われる。ダニエルソン・ロウレイロ社がこの楽器の製作を開始して二十六年になるが、その間に二十年間製作を中止している。しかしである。二千五百人のバン・ディア奏者が誕生しているのである。これは驚くべきことだ。バン・ディアが難しく不合理な楽器であればこそ、コンチネンタルタンゴというアルゼンチンタンゴより普遍性の高い音楽の演奏に適したバン・クロをドイツ人が考案しているのである。

したがって、この記事の著者は、弾いている楽器を見て、バン・クロではないかという疑問が生じても当然なのだが、そのような記載はない。報道者自身がバン・ディアとバン・クロの相違をご存じないのか、頭からバン・クロを除外して、バン・ディアが正統なバンドネオンであると思っておられるかのいずれかであろう。

次に、全員がバン・ディアを弾き、ドイツ式奏法で演奏しているとすれば、その技量の程度に疑問が生じて来る。確かに、大量に生産されて大勢の人が手にする楽器はある程度は弾けるようになるものである。ただ、バン・ディアは首から吊ったり、また歩きながらどんな曲でもこなせるような楽器でないことは、この本の読者には既に理解して頂いていると思う。バン・ディアを首から吊って、リムスキーの「熊蜂の飛行」を蛇腹の押しと引きを使ってスムーズに弾ける人は、果たして世界中に何人いるだろうか。

何々式奏法にしても、充分なテクニックを身につけてこそ、個性豊かな奏法が生まれるのであって、まして合奏となれば、全員の技術的水準が高くないと、音楽にはならない。もし、この地方のブラジル人がバン・ディアを鳴らしているのではなく、弾いているとすれば、一つの地方に音楽的大天才が集団で誕生したことになる。それならば私も是非勉強のため留学したいのだが、あの楽器の質と音から考えると、とてもその気にはなれないのである。

どうやらブラジルの人達は、素人のハーモニカバンドのように、音を分担して楽しんでいるようである。低音だけ鳴らす人、リズムだけのグループ、ハーモニーを何人かで作り、メロディは短い小節を交代で受持つと、バン・ディアだけで楽団ができる。

こうして考えると、ブラジルのバン・ディア奏者はアマチュアの域を脱していないようである。とは言え、前にも述べた通り、ダニエルソン社が更に高品質の楽器を作り出すことに期待を寄せると同時に、ブラジル人の中から世界的なバン・ディア奏者が出現するのを願っている。

3　日本のバンドネオンのパイオニアたち

バンドネオン私史

アルゼンチン人から見た「日本のタンゴ史」

アルゼンチンにおけるバンの最初の開拓者はコンセルチーナから転向した人達である。この楽器をタンゴに取り入れたセバスティアン・ラモス・メフィアは解放奴隷の子として生まれたクリオージョ・ネグロであった。では日本ではどのようにしてバンドネオンが導入されたのか、そして私が冒頭で述べたように、アルゼンチンの場合と異なってバンドネオンが奏者、聴衆の両方を欺瞞して来た成り行きを述べることにしよう。

一九八七(昭和六十二)年、アルゼンチンで一冊の本が刊行されている。ルイス・アルポスタ著『日本におけるタンゴ』[*1]である。内容は日本のタンゴ楽団の歴史、タンゴ歌手、タンゴ評論家等の紹介である。敗戦当時の記述は必ずしも正確とは言えないが、私のように敗戦後の音楽界しか知らない者にとっては、戦前の記事は実に興味深い。一九三二(昭和七)年桜井潔がタンゴコンフント(小編成の楽団)結成。同じく翌年、ピアニスト・バン・カオル・コンフント結成。なお一九三〇(昭和五)年にマツバラと言う人が日本最初のタンゴオーケストラを編成している。一九三四年バイオリニスト吉野章がタンゴ

1　*"El Tango en Japón" Luis Alposta*

楽団を作り、フランス風の演奏を行なったと記している。

一九三五(昭和十)年に入ってはじめてバンドネオンに関する記載が見られる。すなわちバイオリニスト桜井潔がタンゴ楽団を作り、スギ・コーイチなる人がアルゼンチンより帰国して楽団に加わり、バンドネオンとアコーディオンを弾いている。曲目としては、「ラ・クンパルシータ」、「ロドリゲス・ペニア」、「ア・メディア・ルース」等が記され、さらに淡谷のり子が「ブエノス・アイレスの歌」、「バンドネオンの心」、「ジーラ」、「カミニート」等のタンゴ曲を日本語でレコードに吹き込んだことも書かれている。一九三六(昭和一一)年日本で最初の純アルゼンチンスタイルの楽団、オルケスタ・ローサが結成され、リーダーはタカハシ・キクタローと記されている。

バンドネオンとの出合い

私は一九三〇年生まれであるから、当時のことは全くわからない。ただ一九四三(昭和十八)年頃、大阪軍人会館で催された「前戦に送る夕べ」を祖母に連れられて見に行った時、桜井潔楽団を聴いているがバンドネオン奏者がいたかどうか、覚えていない。この楽団を一九四七(昭和二十二)年、大阪市住吉区の小学校の講堂で催されたダンスパーティーで再び聴く機会があった。その時にはバンドネオン奏者がいたことを記憶している。私がバンドネオン奏者と接触するのは戦後のことである。私事で恐縮だが、私自身は音楽、特に声学を六歳頃から学び、小学校での音楽の成績はいつも優か秀であった。小学校三年生で音符を見てオルガンが弾けたから、音楽の授業といえば、唱歌を歌う位な当時では珍らしい存在だったに違いない。

一九四八(昭和二十三)年、当時医科大学の予科学生であった私は、大学の軽音楽部に属し、アコーディオンを弾いていた。その年の夏、あるダンスパーティに招かれて我々の楽団が出演した。そこへ大阪市内の某ダンスホール専属タンゴ楽団も招かれていた。その時私はバンドネオンの演奏を目のあたりに聴くことが出来たのであった。そのバンドネオンはクロマティコであったのだが、当時の私にはバンドネオンの種類など区別出来るわけがなく、その音色にすっかり魅せられてしまい、彼らの楽屋へ遊びに行っては楽屋裏からタンゴの演奏、いやバンドネオンの音色に聴き惚れていたのである。その楽団にはバンドネオン奏者が二人いたが、いずれもバン・クロ奏者であった。その時、もう一つたいそう難しいバンドネオンがあり、日本ではそれを一人前に弾ける奏者が居ないことを知らされたのであった。

まさか私が、その難しいバンドネオンを弾く羽目になるとは想像もしていなかった。

バンドネオン・ディアトニコを入手

当時の大阪は、ダンスホール、キャバレーが焼跡にどんどん建てられていった時代で、ほとんどのホールではタンゴバンドとジャズバンドが交代で演奏していた。その時、あるタンゴ楽団にバンドネオンの欠員が生じた。そこのリーダーは私がバンドネオンを買って来ればすぐにでも雇い入れ、八千円の給料を支払おうとのことである。公務員の給与が二千円の時代だから当時とすれば高給である。さりとてバンドネオンがすぐに見つかるわけはなく、途方にくれていると、ある方から有名なオルケスタ・ティピカ・東京の早川真平氏を訪ねるようにすすめられ、親切にも紹介状まで書いて頂いたのであった。

その日の夜行列車で東京に行き、日が暮れた頃銀座の某ダンスホールに早川氏を早速訪ねた。早川氏は私の依頼を快く引き受け、京都の某旧家の名を挙げて、そこの家人がバンドネオンを譲る可能性のあることを話してくれたのである。その時、早川氏からバンドネオンについていろいろと親切なアドバイスを頂いた。それは、「バンドネオンには二種類あって、クロマティコとディアトニコがあり、楽器として合理的なのはクロマティコである。現在我が国で使われているバンドネオンはクロマティコであり、極く少数の人がディアトニコを持っているが、その演奏技術はクロマティコ奏者に比較すると未熟である。ただアルゼンチンではディアトニコが使われているようだし、音質も良いから、君は若いし、プロになるのでなければ、ディアトニコに取り組んでみるのも一つの道である」といった要旨の話であった。二時間ばかり演奏を聴かせて頂き、その素晴らしいアンサンブルの興奮さめやらぬまま、その夜の汽車で早川氏の紹介状を握りしめて、京都へと向かったのであった。

当時のタンゴ界の大御所の早川氏も、弱冠十八歳の私が単身東京にやって来て、さぞかし驚ろかれたことであっただろうが、氏のおかげで私は今、バンドネオンを弾いている次第である。

さて京都に来て教えられた住所を訪ね、早川氏の手紙をお見せしたところ、上品な男性がバンドネオン二台を私の前に並べて見せた。一台はクロマティコ、もう一台はディアトニコであった。前者は当時の額で八万円、後者は四万円であった。クロマティコが欲しかったけれど、八万円では手が出ない。四万円なら何とかなる目算がある。それに早川氏から「君は若いから難しいのに取り組んで見ては…」と言われた事もあって、四万円でバン・ディアを買ったのである。

もちろん、私にはそんな金はなかったが、リーダーと交わした例の条件があったので、買う約束をして帰り、リーダーに頼み込んで六カ月分の給料を前借りして代金を支払った。憧れのバンドネオンを目の前にしたときの興奮は今でもはっきりと脳裡に焼きついている。

当時大阪にはバン・ディア奏者のプロは二人いた。しかしその演奏水準はバン・クロに比べてお粗末きわまるものだった。私がバン・ディアを買ったのを知った他の音楽家連中から「今までその楽器をものにした者はいない。お前は厄介な楽器を買ったものだ」とあきれ顔で言われたのを今でもはっきりと覚えている。

弾いているふりから出発

こうして当時を振り返って考えると、戦後間もない頃のバンドネオンはクロマティコが主流で、バン・ディアは、呼び名と外観が同じであるという理由だけのお飾りの楽器であったとも言える。私も最初は全くお手上げの状態で、バン・クロの横で、パランカを押えて空気だけを出し入れして、蛇腹を動かして弾いている格好だけの日が続いたのである。

　それでも他人から見ればバン・クロとの区別は全く付かなかった。楽団とすれば、バン奏者が一人増えて見映えがよくなったのであった。まさに、アクセサリーとしてのバンドネオンの見本的存在であったが、それで給料が貰えたのだから良き時代であった。

　バン・クロ奏者は自分達の楽器が正統だと思い、聴衆は隣りに座っている私の楽器の構造が全く違ったものであるとは誰一人として気付いていなかった。そして私自身、自分の使っている楽器が、フランシスコ・カナロのレコードから流れて来る、あの流麗な音色のバンドネオンと同じ種類のものだとは思えなかった。なぜならば、当時のバン・クロ奏者達はレコードからコピーしたと思えるアルゼンチンタンゴを、決して上手ではないが、かなり器用に弾きこなしていた。良い例がオルケスタ・ティピカ・東京である。

アルゼンチンでは、バンドネオン・ディアトニコだとわかった日

一九五四(昭和二十九)年一二月九日兵庫県宝塚大劇場を埋めつくした満員の聴衆の一人として、私は二階席から舞台を見下ろしていた。アルゼンチンから日本に初めてやって来た本場のタンゴ楽団ファン・カナロとオルケスタ・ティピカの演奏を聴くため、いやバンドネオンの種類をこの目でたしかめるためであった。演奏が始まった。三人のバンドネオン奏者のテクニックは素晴らしいの一語に尽きるものであった。しかし、指使いを見ている限りではバン・ディアかバン・クロかの見分けはつかなかった。公演後了後、楽屋に駆けつけた私は、彼らの楽器を弾くことが出来たのであった。一緒に行ったバン・クロ奏者達は誰一人として弾けなかった。

この日こそ、本物のバンドネオンを弾く事の出来る自分を発見した日であり、同時に将来に大きな希望と自信が開けた日でもあった。

その日のプログラムの誌上に、S氏と言うバン・クロ奏者がバンドネオンの解説をしている記事があったが、彼等の楽器との相違には少しも触れず、バン・クロ奏者がアルゼンチンタンゴにおけるバンドネオンの役割を得々と説明している様は、大部分の何も知らない人にとっては、S氏があたかもバン・ディアを弾いているものと受けとれる書き方であった。

S氏が悪いのではない。バンドネオンについて語れるだけの力量のあるバン・ディア奏者が日本に居なかったのである。しかし、せめてS氏は少なくとも、自身が弾いている楽器と、アルゼンチンの楽器に違いのあることだけは、説明しておいてほしかった。

日本のバンドネオン奏者

戦前のバンドネオンのスターたち

戦後しばらくの間活躍した高名なタンゴ楽団、オルケスタ・ティピカ・東京、オルケスタ・ティピカ・ポルテニアのバンドネオン奏者は全てバン・クロで占められていた。大阪の同様のスター達も、例外ではなかった。しかし、彼らは戦後の人である。私の知らない第二次大戦前にも今日と同じ位、バンドネオン奏者が居たのかどうか、私にとって長い間の疑問であった。

私は幸運だった。前述の堀部氏からお借りした雑誌『ダンスと音楽』の一九三八（昭和十三）年四月号に、一九三八年春季ダンスバンド名簿（一九三八年三月一〇日調べ）が掲載されており、日本のダンスホールの楽団と編成を知ることが出来たのである（巻末に転載）。

当時ダンスホールの営業を許可された場所は限られていたらしいから、日本を代表するダンスバンドの名簿と考えることが出来る。これによるとダンスホールは二十八カ所、出演バンドの数は四十三で、そのうち十七の楽団はジャズバンド、二十一がタンゴバンドで、残り五つは両者混成の楽団であった。

驚いたことには十四の楽団に合計二十五人のバンドネオン奏者が居たことが判明した。この人数は一九八九（平成元）年のプロのバンドネオン奏者よりも多い。名簿に載っているタンゴ楽団のほとんどにバンドネオン奏者が居たのだから、他にもこの奏者が居たことは充分考えられる。つまり一九三八年の春、日本にはプロのバンドネオン奏者が最低二十五人居たことになる。

その約半年前の一九三七年の九月発刊の同誌に、エフ・タナカ・イス・オルケスタ・テスカの写真とそのメンバーが紹介されている。バンドネオンに田中、マティアス、山下、村本の四人を擁する豪華メンバーであった。ピアニストには、後にティピカ東京のピアニストとして有名な刀根研二の名があった。翌年三月にはマティアス、山下、村本のバンドネオントリオはオルケスタ・ティピカ・フロリダに移り、その後釜に早川真平、長尾文次郎が来ている。

一九三七年九月号でオルケスタ・グロリア・アルヘンティナのバンドネオン奏者は中村都彦一人だけで、バイオリンに原孝太郎がいた。この楽団も半年たつと、バンドネオンが三人に増えたが、原の名が消えている。

この名簿には、アルゼンチン人アルポスタの著書に書かれている人物と楽団も載っている。桜井潔、伴薫、高橋孝太郎とオルケスタ・ローサ、吉野章等である。

一九三八年のタンゴ楽団の実情

さらに当時のタンゴバンドの様子を知る貴重なレポートを一九三八(昭和十三)年六月号『ダンスと音楽』に見つけることが出来た。三本定夫氏が、埼玉県川口市のホールでエフ・タナカ・イ・ス・オルケスタ・テスカを聴いて得た感想文である。その中で三木氏は三月にマティアス、村本、山下の名トリオに変わった田中、早川、長尾のトリオは、前のトリオとは比較にならない程、技術水準が低く、田中が第一バンドネオンを担当しているところから見てもこのセクションが貧弱なことを示し、バリエーションになると一層痛切に感じると言っている。この事実から、フロリダに移った三人のバンドネオン奏者は田中より上手に弾いていたことがわかる。また、ピアニスト刀根研二が美しいタッチでアルゼンチン風に演奏していることを賛美している。

すなわち日本では、現在以上に多くのバンドネオン奏者が活躍していた事が良くわかったが、彼らが弾いていたのは、バン・ディアかバン・クロかという問題が残されている。私が最初にバンドネオンは奏者と聴衆を欺いて来た楽器と書いたのは、彼らが使用し、そして戦後、アルゼンチンのバンドネオン奏者が訪れるまで根拠なく使用されていたバンドネオンは、クロマティコであったという確証があるからである。

名簿に名前が出ている早川、村本の両名は後のオルケスタ・ティピカ・東京のバンドネオン奏者である。この楽団も最初のバンドネオン奏者は全てクロマティコを使用していた。私が早川氏を銀座に訪れた時もそうであった。この楽団は最後に解散するまで、第一バンドネオンをはじめ、主要奏者はすべてクロマティコを使用して、アルゼンチンタンゴを演奏していた。

当時のバン奏者で私の知っている人は、早川、村本両名のほかは次の人達である。荒尾正則、浜田怒幸、山本俊二、何れもクロマティコを使用。縁川嘉信、ディアトニコ。それ以外の人達の消息は知らない。しかし、当時の日本を代表するタンゴ楽団であったテスカ、フロリダのバンドネオン奏者がクロマティコを使用していたこと、関西で活躍していた荒尾、浜田の両名がやはりバン・クロ奏者であったこと。さらに桜井潔楽団に代表して見られるバン奏者が他の楽器を兼業している事実がある。バン・ディア奏者にはとてもそれだけの余裕はないのである。

『タンゴの歴史』の中に、アルゼンチンの初期のバン奏者はボタンを一つずつ押えて蛇腹を押し引きしながら、この音は「ド」、このボタンの押しは「レ」と習い覚えたと書かれているが、私の場合もそうであった。

大阪に二人のバン・ディア奏者がいたが、私が習い初めた頃は最初に書いたようなたどたどしい演奏を行なっていたので、一人で練習するほかはなかった。

アルゼンチンでは、バンドネオンは、ごく初期のコンセルチーナからの転向者を除いて、フルートに代わる楽器の地位を得るに至るまで、血の滲むような努力が必要であったが、そのバンドネオンはすべてディアトニコでクロマティコは全く考慮に入っていなかった。やがてその演奏はメロディ、リズム、ハーモニー等多彩に変化し、向上して行った。一方、日本では、アコーディオンに代わる、またはそれと共演する楽器として、最初からバンドネオン・クロマティコが用いられたと考えるのが妥当であろう。

バン・クロの楽譜はアコーディオン用のものが使われたり、それとハーモニーを構成したり、あるいはリズムを主に受持つもの、バン・クロ専用のものまでいろいろであった。現在でも、このような発想で編成されたオーケストラにバン・ディアが入って弾くとすれば、楽器としての特徴が失なわれ、バン・ディア奏者は苦しむのである。

何度も言うようにバン・クロは楽器としては合理的であるから、アコーディオンの楽譜は弾きこなせるが、バン・ディアはその特殊なボタンの音階配列のため、ピアノ的音階配列の常識からすれば何でもないところが往々にして難しいのである。

「オルケスタ・ティピカ・東京」の影響

タンゴに関して言えば、日本ではティピカ・東京の演奏がお手本であった。事実、一九六五(昭和四十)年頃までは、この楽団の演奏水準は他のタンゴ楽団に比べて群を抜いて高かった。しかもメンバーの多くは他の演奏者が行っていないアルゼンチンをはじめ中南米、北米と公演を行ない、その度に技量に磨きが加わっていった。他の演奏家がこぞって彼らの奏法を手本にしたのは当然であったし、それにより他の楽団の水準が向上したのも事実である。

ただバンドネオン、とくにバン・ディア奏者がバン・クロ奏者の影響をもろに受けたことは否定出来ない。ティピカ・東京もアルゼンチンに行って向こうでバン・ディアの演奏を聴いてから、よりバン・クロでバン・ディアの演奏スタイルに近づけようと努力した節がありありと見受けられる。

それでも一九五四(昭和二十九)年ファン・カナロによるアルゼンチンのタンゴ楽団の日本公演が実現し、向こうの楽器がバン・ディアであることが立証されたので、バンドネオン奏者を志す者はディアトニコを選んだ。バン・クロ奏者の一部はバン・ディアに転向した。しかし、その人達の奏法もバン・クロの影響を知らず知らずの内に受けていたのである。

バンドネオン・ディアトニコの魅力

日本固有のバン・ディア、バン・クロ混成楽団

日本ではバン・クロ奏者とバン・ディア奏者が共演する場合が多く見られた。異質の楽器が並んで演奏していても、名前は両方ともバンドネオン。外観は同じ。しかも、リーダーシップはかなりの間バン・クロが握っていたから、人々は同じ楽器が並んでいるものと思い込んでいたのである。

私自身、アルゼンチンの楽団が来日する度に、その奏法、技術の差を痛切に思い知らされ、一九七四(昭和四十九)年アルゼンチンを最初に訪れた時、その水準があまりにもかけ離れているのに驚いた。技術の差は単に音楽的才能に求めるのではなく、バンドネオンの開発の歴史や、タンゴの演奏に導入

された後の楽器が果して来た役割、それらに基づいた練習方法を考えなおしてみることが必要である。加えて、バン・クロと同一視するがごとき、演奏上の使用法を改めることがバン・ディアの演奏技術向上の重要な課題であると考えている。

日本人はバン・クロを使ってアルゼンチン人も賞賛して止まないアルゼンチンタンゴの楽団を作りあげた民族である。今後才能豊かな若い人がバン・ディアを、合理的、且つ系統だった方法で学べば、アルゼンチン人に劣らない演奏家が生まれるものと信じている。

アルゼンチンでは一九五四年、バンドネオンの達人ペドロ・マフィアに委託して、ブエノス・アイレス市立バンドネオン学校が設立されている。

現在用いられている71鍵盤のバン・ディアは、作られてから八十年くらいの歴史の楽器である。その音色、音域から考えてもまだまだ未来に可能性を秘めている。タンゴだけでなく、いろいろな分野の音楽に用いられてしかるべきであろう。そのためにも、アルノルド社製に匹敵する楽器の生産が再開されることを願って止まない。

バン・クロの歴史については、フランスで発刊されたクロマティック・アコーディオンの歴史の本に、この楽器についての説明があるところから、ヨーロッパでタンゴが生まれるや、南米のエキゾチズムを取り入れる目的で、バン・ディアより後で作られたと推測できる。

私がバン・クロ奏者に望むことは、同じバンドネオンでもアルゼンチンから来る楽団の奏者が弾いているものとは、全く別物であることを充分に認識して行動してほしいということである。バン・ディアとバン・クロは似て否なる楽器なのだ。しかも、世間一般の人からは、ほとんど区別がわからない。したがってクロマティコであることを公表せずにアルゼンチンタンゴを演奏することは、世の人を欺くことになる。

タンゴ技術向上のために

日本のバン奏者の多くが、クロマティコがアルゼンチンタンゴの演奏に使用されているものと信じたとしても、当時は一般の人が外国に行くという事は考えられもしなかった時代だから、たとえ、一部の者が行けたとしても、よほどこの楽器に精通していなければ、本当のことはわからなかったであろう。ただ当時はそれでも許されたが、今はそのような時代ではないことを銘記すべきである。

戦後の日本において最初に活躍した高名なバンドネオン奏者はすべて、バン・クロを使用していた。やがて若手のバン・ディア奏者が続々と誕生して来た時においても、バン・クロ奏者はバン・ディア奏者を奏法的に指導する能力に全く欠けていた。そればかりかバン・ディア奏者にバン・クロの奏法を押しつけてはばからなかった。

現在では、プロはもとより、アマチュアでも大部分の人はバン・ディアを弾く時代になっている。それにもかかわらず、プロのバン・クロ奏者がバンドネオンブームでバン・ディアを手に入れたアマチュアの人のレッスンを行なっている。四十年の昔と同じ過ちが繰り返されている。

日本のタンゴの演奏技術水準がアルゼンチンに比べて劣るのは、バンドネオンの技量の差が主な原因である。それを助長した原因の第一はバン・クロが日本のアルゼンチンタンゴで演奏の主役であったという過去の歴史にある。特に日本のアルゼンチンタンゴ楽団としてアルゼンチンに行った有名楽団はバン・クロ編成であったから、バンドネオンに関しては、先のファン・カナロ来日に際してのプログラムと同じく、一般のアルゼンチンの聴衆を騙したのである。それらの楽団のリーダーである高名なバン・クロ奏者達は、アルゼンチンに行って真実を知ってもそれを覆い隠してきたのだから、その責任は重大である。このようにして日本ではバンドネオンという名は人々を騙しつづけて来たのである。

アコーディオンの演奏では、ディアトニコの場合は必ずといってよいくらい、その旨が述べられている。アコーディオンではピアノ式またはそれと同じ原理の音階配列を持つボタン式のすなわちクロマティコが普通なのである。

しかしバンドネオンはディアトニコが原則で、クロマティコが特殊である。バンドはディアトニコを考案製作したのであり、クロマティコはアコーディオンの製作者、ウィーンのダミアンの流れをくむ楽器なのである。

フォルクローレ的色彩を持つバンドネオン・ディアトニコの魅力

ハーモニカ、アコーディオンは楽器として世界的に認められている。クラシックからポピュラーまで何でもこなせるし、国際的なコンクールがある。これは楽器として完成されているということでもある。

バンドネオンではこのような現象はない。理由としては、弾く人が少ないこと(一九八九年一月一五日、ブエノス発行、クラリン紙は、現在世界のバンドネオン奏者は百五十人を越えていないと書いている)、この楽器の使われる目的がタンゴに限られて来たということが考えられる。クラリン紙はバン・クロ奏者も含まれた人数をあげているると解釈できるのだが、ブラジルにおけるバンドネオン奏者は含まれていない。百五十人はプロとして通用する技量を持つ者と解釈すべきである。後者についてさらに考えていけば、タンゴの演奏に何故バンドネオンが必要かという疑問が生じる。

コンチネンタルタンゴの場合は、アルゼンチンタンゴの色彩をメロディに取り入れるために、バン・ディアの代用として使用されたと考えると説明がつく。ではアルゼンチンタンゴの演奏はどうしていつまでもバン・ディアに固執しなければならないのか。タンゴ・モデルノと呼ばれる新しい形式の曲では、バンドネオンは不必要とさえ思われる。

バン・ディアのパイオニア達の苦労がどんなに大きくても、時代の流れと共に音楽は変化しなければならない。とはいえ、どの音楽にも固有の歴史がある。

歌舞伎の伴奏がオーケストラでは、演じる役者さんは、やる気がなくなってしまうだろうし、第一にお客さんは承知しない。アルゼンチンタンゴも同様である。アルゼンチンタンゴがアルゼンチンタンゴであるための独特の奏法がしっかりと確立されており、そのためには、バン・ディアは欠かすことの出来ない存在なのである。バン・クロやアコーディオンがどんなに努力しても真似の出来ない何物かをバン・ディアは表現して来たのである。

新しいスタイルのタンゴといえども、アルゼンチンタンゴにはその何物かを演奏できる感覚と技術が必要だと考える。しかしながら、歌舞伎にしてもアルゼンチンタンゴにしても、未来はあまり明るくない。

こうして考えると、アルゼンチンタンゴはフォルクローレ(民俗音楽)的要素の濃い音楽ということが出来る。フォルクローレを演奏する特殊な楽器には、国際性はあまり要求されないから、バン・ディアによる音楽コンクールの必要性もないわけである。

コンクールに入賞出来る程の技量を持つアコーディオン奏者は、おそらくバン・ディアに転向するような真似はしないであろう。それくらいの奏者であれば、コンチネンタルタンゴの演奏で一時的にバン・クロを弾く事にはあまり抵抗は感じないと思われる。この事はコンチネンタルタンゴの楽団では行なわれて来たし、今でも見られる現象だ。

幸いブラジルに多くのバン・ディア奏者が誕生しているので、ここから新しい波が起こって来るかも知れないが、そのためには、質の良い楽器が今後も供給されること、この楽器の特徴を失わない程度にもう少し改良が加えられることが必要ではないかと考える。

バン・ディアはアルゼンチンタンゴを弾いていると楽しい楽器といえるが、他の音楽の演奏にはあまり向いていない。なくても良い場合が多い。コンチネンタルタンゴは、バンドネオンはおろか、アコーディオンがなくても立派に演奏できる。ブルー・タンゴは、オーケストラ用として作られたタンゴで、コンチネンタルスタイルで演奏されてこそ値打がある。

アルゼンチンの楽団は、これらメロディの美しいタンゴをアルゼンチンスタイルに変えて演奏しているが、もう一つしっくりしない。逆にアルゼンチンタンゴをコンチネンタルタンゴに変えても違和感が少なく、バンドネオンをアクセサリー的に使用すれば、もっと演奏が引き立ってくる。バン・クロでもバン・ディアでも差し障りがないとすれば、弾き易いバン・クロに軍配が上る。

コンチネンタルタンゴとアルゼンチンタンゴの曲の知名度を比べて見た場合、前者の方が圧倒的に優勢である。「ポエマ・タンゴ」「ジュリアン」（スペイン語ではフリアン）等はアルゼンチンタンゴとして世に出たが、メロディックな曲がヨーロッパで磨きをかけられ、今ではコンチネンタルタンゴになってしまっている。

十九世紀後半、アンチル諸島の黒人の舞曲がカディス人によってイベリア半島に紹介され、フランスのパリで、ハバネラと名の付くもっと洗練された音楽に変えられ、世界中にその名が知れわたったのと似た現象と言っても良い。

コンチネンタルスタイルで演奏することで、タンゴは一部のマニアだけの音楽ではなく、より音楽的で普遍性のある存在となった。その場合願わくば、編曲者がバン・ディアを、その特徴を完全に理解して使用して頂ければ、もう少し中身がアルゼンチンの土の香りの濃いものに変わるだろう。そしてバン・ディア奏者をして困惑せしめるような事態も起こり得ないであろう。

一九三八（昭和十三）年春季ダンスバンド名簿

（　）内は店名とその場所、※印はリーダーを示す

◎オルケスタ・ティピカ・フロリダ（フロリダ、東京市赤坂区）

バイオリン――増尾逸彌
バンドネオン――山下芳郎
ピアノ――黒川諶
バンドネオン――アルフレッド・R・マティアス
バンドネオン――村本慎二郎
ベース――松野正俊

◎ヒサナガ・ダイヤ・オーケストラ（ダイヤクラブ、神戸市神戸区）

サックス――雷隆夫
トランペット――西尾静夫
ピアノ――吉井讓
ドラム――野田政美
バンドネオン――吉井一雄
サックス――宗政義一
ピアノ――※久永徳一
ドラム――山田恵児
バイオリン――岡田五郎

◎タムラ・エンド・ヒズ・フレッシュ・タンゴマニア（キング、尼崎市杭瀬）

アコーディオン―※田村昌久
ピアノ――森岡常郎
バイオリン――吉本兵衛
ドラム――平田直敏

ベース――――山田五郎　　バンドネオン――塩崎公移

◎**ヤマモト・エ・ソン・タンゴ・アンサンブル**（宝塚会館、兵庫県宝塚）
バイオリン――来島正二　　バイオリン――須藤正夫
アコーディオン／バンドネオン――――※山本俊二
ピアノ――――森明　　ドラム――――石川秀二
ベース――――古川勝彦

◎**エフ・タナカ・イス・オルケスタ・テスカ**（バルタバラン、埼玉県川口市）
バイオリン――鈴木正嗣　　バイオリン――本堂藤蔵
バンドネオン――※田中福夫　　バンドネオン――早川真平
バンドネオン――長尾文次郎　　ピアノ――――刀根研二
ベース――――彦坂猛　　ドラム――――原章

◎**オルケスタ・グロリア・アルヘンチーナ**（日米、東京市京橋区）
バンドネオン――※中村都彦　　バンドネオン――奥田照親
バンドネオン――増田寿次　　バイオリン――岡崎嘉雄
バイオリン――本田武志　　ピアノ――――岩田喜代造
ベース――――佐藤至宏

◎**ティピカ・ボッカ**（和泉橋、東京市神田区）

バイオリン――※小田良平　　バイオリン――相馬正雄
バンドネオン――井原將夫　　バンドネオン――田辺盛
ピアノ――吉岡忠三　　ベース――萓間秀彦
ドラム――手塚正

◎**タンゴ・コンセール・レジャンス**（国華、東京市京橋区）

バイオリン――坂田健吉　　バイオリン――石塚専次郎
アコーディオン――長内端　　バンドネオン――伊藤吉郎
バンドネオン――脇山正太郎　　ベース――白井憲明
ドラム――斉藤元　　ピアノ――※伴薫

◎**アマガサキ・ルンバ・タンゴ・バンド**（尼崎、兵庫県尼崎市）

ギター／クラリネット――刀根勝美
ピアノ／トランペット――天野不二野
バンドネオン／ピアノ――荒尾正則
バイオリン／クラリネット――伊藤猪一郎
ドラム――岡田照己

◎**ニシノミヤ・イス・オルケスタ・ムチャチョス**（西宮、兵庫県西宮市神楽町）

バイオリン――原幹夫　バンドネオン――浜田怒幸
ピアノ――岡本源太郎　ドラム――高本寛一

◎**オルケスタ・ティピカ・ジンロク**（**グリーン**）（新橋、東京市芝新橋）

バンドネオン――※縁川嘉信　バイオリン――大山秀雄
バイオリン――広元正明　ピアノ――織田行男
ベース――寺島利中

◎**オルケスタ・ローサ**（帝都、東京市四谷区新宿）

バンドネオン――※高橋孝太郎　バンドネオン――大野仁
バイオリン――村上太郎　バイオリン――山崎忠
セロ／クラリネット――坂口新
ピアノ――荻尾佐一郎　ベース――青島俊夫
ドラム――長谷川孝

◎**サクライ・イス・オルケスタ**（フロリダ、東京市赤坂区）

バイオリン――桜井潔　バイオリン――渡辺章
バンドネオン／アコーディオン――松井率一

バンドネオン／バイオリン――若林季郎
バンドネオン／バイオリン――松本信三
ピアノ――増尾博久　ドラム――高橋浩吉
ギター／バンジョー――丹波一夫
ベース／セロ――松田孝義

◎ナカ・エンド・ヒズ・タイガー・ボーイズ（タイガー、兵庫県尼崎市杭瀬）
バイオリン――※仲英威　ドラム――井上慶三郎
アコーディオン／バンドネオン――森鼎
サックス――刈谷保　サックス――長谷川末吉
トランペット――村田速小　トロンボーン――山下健一
ベース――丸山文雄　ピアノ――寺尾慎太郎

一九三八年三月現在のダンス・ホール

東京市　フロリダ　帝都　新橋　国華　和泉橋　ユニオン　日米　テイチク　銀座
神奈川県横浜市　オリエンタル　横浜フロリダ　太平洋　メトロポリタン　**川崎市**　東横会館
埼玉県川口市　バルタバラン
京都市　東山　桂会館

兵庫県神戸市　ソシヤル　ダイヤクラブ　ハナクマ　キャピトル　**西宮市**　西宮　**尼崎市**　キング　ダンス・パレス　タイガー　尼崎　**宝塚市**　宝塚会館
奈良県生駒町　生駒

※『ダンスと音楽』一九三八年四月号より

参考資料

田中千信「ラ・プラタの黒人とタンゴ」『ブエノス・アイレス亜国日報』一九六〇年七月二六日〜一九六一年三月四日

田中千信訳編『アルゼンチンの民話』一九七九年、中央公論事業出版

服部豊三郎『アルゼンチン政治経済進展の歴史　一四九二—一九八五年』一九八六年、タイプレス印刷所

ラテン・アメリカ協会編『ラテン・アメリカの歴史』一九八一年、中央公論社

永田文夫『ラテン・フォルクローレ・タンゴ』一九七七年、誠文堂新光社

護雅夫・別枝達夫『大世界史9　絹の道と香料の島』一九六八年、文芸春秋社

ボルヘス『汚辱の世界史』一九八四年、ラテンアメリカの文学第一巻、集英社

猿谷要『アメリカ黒人解放史』一九六八年、サイマル出版会

La Historia del Tango. Crregidor, 1976〜1980.
　第一巻 *Sus Origenes*. 1976.　第二巻 *Primera Epoca*. 1977.　第三巻 *Angel Villoldo*. 1977.　第四巻 *Epoca de Oro*. 1977.　第五巻 *El Bandoneon en el Tango*. 1977.　第十二巻 *La Milonga*. 1978.　第十五巻 *Alfredo Gobbi*. 1980.

Dr. Henry Simondi. *Moserrat, su Historia*. 1973.

Argentina, mi Tierra. Sicamericana Sacifi, 1978.

Luis Alposta. *El Tango en Japón*. Corregidor, 1987.

『ダンスと音楽』昭和十二年六月一日号、九月一日号、昭和十三年四月一日号、六月一日号、ダンス音楽社

あとがき

本書を完成するにあたり、私が必要とする情報の提供と、有効な資料の収集に骨身を惜しむことなく御協力いただけたのは、アルゼンチンに在住している日本人の方々であった。ここにお名前を記して、謝意を表したい。

上原清利美氏（うえはら・きよとみ）

一九三〇（昭和五）年、アルゼンチンに移住、現在東洋医学の権威として知られている氏は、私の最初の訪亜以来、アルゼンチンにおける習慣や、歴史にまつわる重要なできごと、そしてタンゴに関連した数々のエピソードについて教えて下さり、加えて本書の執筆中にも、細部にわたって貴重なアドバイスをいただいた。

田中千信氏（たなか・かずのぶ）

私のタンゴの歴史の執筆は、アルゼンチン日系新聞『亜国日報』の重鎮、田中氏のおかげであるといっても過言ではない。本書におけるタンゴ史観は、田中氏の業績に負う所がきわめて大であった事を強調させて頂きたい。

谷口庄平氏(たにぐち・しょうへい)

南米音楽を愛するがため、戦後単身アルゼンチンに移住。ギターの名人、ボーカリスト、そして実業家である谷口氏からの情報は、音楽関連のものだけに、この上もなく有難く、貴重であった。

バンドネオンの構造に関しては安田茂氏のお世話になった。大阪楽器サービスセンター・ユニバーサルの経営者である安田氏は、日本におけるバンドネオンの調律、修理の第一人者である。

バンドネオン・ディアトニコの調律は、その音階配列により、困難きわまりない仕事である。アルゼンチンでは一九一一年頃、アコーディオンを取り扱っていたルイス・マリアニイがはじめて職業として、バンドネオンの調律を開始している。

安田氏のバンドネオン調律のはじまりは、最初に私がその楽器を手にした時であった。安田氏は当時アコーディオンの調律をしておられたが、バンドネオン・ディアトニコははじめてのことなので、さぞかし苦労されたことと思っている。

このあたりの事情はマリアニイの場合と似通っているが、その後が大いに異なっている。アルゼンチンのバンドネオン奏者が手にしている楽器は、今でも調律が不完全であったり、傷んだりしている場合が多いので、アルゼンチンにはバンドネオンを上手に調律、修理する人が少ないように思われる。それに反して、安田氏の手にかかると、少々傷んだ楽器でも新品同様に変わり、調律も完璧である。彼こそ日本におけるバンドネオンの歴史を側面から支えて来た人であり、私にとっては、かけがえのない楽器のお医者さんなのである。

以上のほか、本書完成にあたっての、京都在住の吉田耕之佑氏をはじめ多くの方々からの御支援、御助言に深くお礼を申し述べたい。

終りに、本書刊行に先立って「タンゴ・謎と奇蹟の舞曲」の表題でタンゴの歴史の一部を連載していただいた雑誌『おおさかの街』の編集部の皆様、並びにこの本を世に出す機会を与えて下さった東方出版の今東成人社長、北川幸さんに心からの感謝を捧げるものである。

一九九〇年晩秋

舳松伸男

舳松伸男（へのまつ・のぶお）

一九三〇（昭和五）年七月大阪市に生まれる。一九五四年大阪市立医科大学卒業。一九六〇年大阪市内にて内科医院を開業。

一九六六年タンゴ楽団「ロス・アセス・デ・オーサカ」を結成し、リーダーとして活躍した。日本を代表するバンドネオン・ディアトニコ奏者。

一九八九年一〇月有志とともにタンゴ楽団「ポナリア」を編成した。

二〇一八年三月一二日逝去。

タンゴ 歴史とバンドネオン【新装版】
1991年2月25日　第1版第1刷発行
2018年6月25日　新装版第1刷発行

著　者 ―――――― 舳松伸男
発行者 ―――――― 稲川博久
発行所 ―――――― 東方出版（株）
〒543-0062　大阪市天王寺区逢阪2-3-2
TEL06-6779-9571　FAX06-6779-9573

印刷所 ―――――― 亜細亜印刷（株）

ISBN978-4-86249-334-7

甲子園ホテル物語　西の帝国ホテルとフランク・ロイド・ライト　三宅正弘　二、二〇〇円

神戸モスク　建築と街と人　宇高雄志　二、六〇〇円

KOBE浪漫　阪本紀生写真集　阪本紀生　一、六〇〇円

心にしみる大阪の歌　相羽秋夫　一、五〇〇円

館長と学ぼう　大阪の新しい歴史Ⅰ・Ⅱ　栄原永遠男 編　各二、二〇〇円

古事記の奈良大和路　千田 稔　二、〇〇〇円

奈良・大和を愛したあなたへ　千田 稔　一、六〇〇円

わたしでよかった　さよなら大腸ガン　今井美沙子　一、五〇〇円

無所有【新装版】　法頂 著／金順姫 訳　一、八〇〇円

仏教音楽と声明　大山公淳　一五、〇〇〇円

＊表示の価格は消費税抜きの本体価格です＊